INHALT

1. Allgemeine Beschreibung 9
2. Prâna oder Vitalität 17
3. Kraftzentren 33
4. Das Milz-Chakra 41
5. Das Wurzel-Chakra 49
6. Das Nabel-Chakra 53
7. Das Herz-Chakra 55
8. Das Hals-Chakra 57
9. Das Stirn-Chakra 59
10. Das Scheitel-Chakra 61
11. Absonderungen 65
12. Kundalini 69
13. Das atomare Gewebe 75
14. Geburt 79
15. Tod 83
16. Heilung 89
17. Mesmerismus 95
18. Hüllen und Schutzschilder 101
19. Medialität 105
20. Die Arbeit von Dr. Walter J. Kilner 111
21. Ätherische Fähigkeiten 121
22. Magnetisierung von Gegenständen 133
23. Ektoplasma 141
24. Schlusswort 153

All denen mit Dankbarkeit
und Hochachtung gewidmet,
die das Material für dieses Buch
erarbeitet haben.

KAPITEL 1

ALLGEMEINE BESCHREIBUNG

Jedem, der sich mit dem esoterischen Weltbild beschäftigt, ist die Tatsache vertraut, dass der Mensch mehrere Körper oder Träger besitzt, mittels derer er sich auf den verschiedenen Ebenen der Natur – der physischen, astralen, mentalen und kausalen – zum Ausdruck bringen kann.

Es gibt in der physischen Materie sieben Dichtegrade, die folgendermaßen angeordnet sind:

Atomar
Subatomar
Super-ätherisch
Ätherisch
Gasförmig
Flüssig
Fest

Teilchen von allen diesen Stufen sind an der Bildung des physischen Körpers beteiligt, der jedoch zwei deutliche Abschnitte zeigt, nämlich den dichten Körper, der aus festen, flüssigen und gasförmigen Stoffen besteht, und den Ätherkörper oder das ätherische Doppel, wie dieser oft genannt wird, der sich aus den vier feinstofflichen Ebenen der physischen Materie zusammensetzt.

In den folgenden Kapiteln werden wir uns mit dem Ätherkörper eingehender befassen – mit seinem Wesen, seiner Erscheinungsform, seinen Funktionen, seiner Beziehung zu den übrigen Trägern, seiner Verbindung mit dem *Prâna* oder der Vitalität, mit seinem Entstehen, Wachstum und Zerfall, seinem Bezug zu bestimmten Heilmethoden, dem Mesmerismus, der Medialität und Materialisation, den Kräften, die er ausüben kann und einer Anzahl verschiedener ätherischer Phänomene, die mit ihm in Zusammenhang stehen.

Es wird sich zeigen, dass es sich beim Ätherkörper nicht um einen eigenständigen Bewusstseinsträger handelt, obwohl er für das Leben des physischen Körpers unerlässlich ist. Die Ätherhülle nimmt die der Sonne entströmende Vitalkraft auf und verteilt diese, weshalb sie eng mit der physischen Gesundheit verknüpft ist. Sie besitzt ihre eigenen Chakras oder Energiezentren, von denen ein jedes eine bestimmte Funktion ausübt. Die Traumerinnerung hängt hauptsächlich von der Aktivität der Äthersubstanz ab. Sie trägt wesentlich zur Beschaffenheit des physischen Körpers bei, den ein sich inkarnierendes Ego annehmen wird. Ebenso wie dieser, wird auch die Ätherhülle zur gegebenen Zeit sterben und verfallen und die »Seele« für die nächste Stufe auf ihrer zyklischen Reise freisetzen. Der Ätherkörper steht besonders mit der so genannten Energie- oder magnetischen Heilung in Verbindung, aber auch mit dem Mesmerismus zum Zwecke der Heilung, Betäubung oder Trance. Der Äther ist verantwortlich für die Phänomene, die sich bei einer Séance abspielen, wie das Verrücken von Gegenständen, »Klopfzeichen« und andere Geräusche sowie alle Arten der Materialisation. Die Entfaltung ätherischer Fähigkeiten verleiht neue Kräfte und offenbart Phänomene, die sich der Erfahrung der meisten Menschen entziehen. Durch den Gebrauch der Äthersubstanz können Gegenstände »magnetisiert« und Lebewesen mesmerisiert werden. Außerdem stellt der Ätherkörper jene Substanz zur Verfügung, aus der das so genannte Ektoplasma gebildet wird.

Dem ätherischen Doppel sind viele Bezeichnungen zugeordnet worden. In der frühen theosophischen Literatur spricht man oft vom Astralkörper, dem Astralmenschen oder der *Linga Sharîra*.

In allen späteren Schriften jedoch wird keiner dieser Begriffe mehr für das ätherische Doppel verwendet, da sie ja eigentlich einen Körper beschreiben, der sich aus Astralmaterie zusammensetzt, den Begierden-Körper der Hindus. Daher sollte der Leser beim Studium der »Geheimlehre« und den Büchern der älteren Literatur darauf achten, dass er die beiden recht unterschiedlichen Körper, die wir heute als das ätherische Doppel und den Astralkörper bezeichnen, nicht miteinander verwechselt.

In Sanskrit heißt das ätherische Doppel *Prânamâyakosha* oder »Träger des *Prâna*«; im Westen nennt man es auch den »Doppelgänger«. Wenn sich die Ätherhülle nach dem Tode von dem grobstofflichen, physischen Körper getrennt hat, wird sie auch »Gespenst«, »Phantom«, »Erscheinung« oder »Friedhofsgeist« genannt. Im Râja-Yoga werden der Äther- und der materielle Körper zusammengefasst und als »*Sthûlopâdhi*« oder unterste »*Upâdhi*« (Gefäß) des *Âtmâ* (Selbst) bezeichnet.

Jeder feste, flüssige und gasförmige Bestandteil des physischen Körpers wird von einer Ätherhülle umgeben. Wie der Name schon sagt, handelt es sich daher bei dem ätherischen Doppel um ein genaues Duplikat der grobstofflichen Form. Es ragt etwa einen halben Zentimeter über die Haut hinaus. Die Äther- oder Gesundheitsaura hingegen umgibt den Körper gewöhnlich in einer Breite von mehreren Zentimetern.

Was ihre Eigenschaft betrifft, verändern sich die grobstoffliche und die ätherische Form gemeinsam. Eine bewusste Reinigung des Körpers verfeinert gleichzeitig das ätherische Gegenstück.

Letzteres setzt sich aus allen Abstufungen der Äthermaterie zusammen, wobei die Proportionen stark variieren können, was wiederum von mehreren Faktoren, wie der Rasse, Unterrasse, dem Menschentyp und dem individuellen Karma abhängt.

Dem Verfasser sind bis jetzt nur die folgenden Funktionen und Eigenschaften der vier Ebenen der Äthermaterie bekannt:

Ätherisch:	Medium für die üblichen Elektrizitätströme und den Klang.
Super-ätherisch:	Medium für das Licht.
Subatomar:	Medium für die »feineren Formen der Elektrizität«.
Atomar:	Medium der Gedankenübertragung von Gehirn zu Gehirn.

Die folgenden Angaben von F.T. Peirce, veröffentlicht in der Mai-Ausgabe 1922 von »Theosophy«, treffen wahrscheinlich zu:

Okkulte Chemie	Physik	Beispiel
E1 atomar	elektronisch	Elektron
E2 sub-atomar	positiver Kern	Alphateilchen
E3 super-ätherisch	neutraler Kern	Neutron
E4 ätherisch	atomar	naszierender N (Stickstoff) atomarer H (Wasserstoff)
Gasförmig	Molekulargas	H_2; N_2 oder gasförmige Verbindung

Das blassviolett-graue ätherische Doppel leuchtet schwach und ist, dem physischen Körper entsprechend, von grob- oder feinstofflicher Beschaffenheit.

Es besitzt zwei Hauptaufgaben. Erstens nimmt es das *Prâna* oder die Vitalität auf und verteilt dieses im gesamten physischen Körper. Zweitens vermittelt es oder wirkt als Brücke zwischen dem grobstofflichen physischen und dem Astralkörper, indem es das Bewusstsein physischer Sinneskontakte über das ätherische Gehirn dem Astralkörper übermittelt und ebenso Bewusstsein aus dem Astralbereich und den höheren Ebenen in das physische Gehirn und Nervensystem hinunterbringt.

Außerdem entwickelt das ätherische Doppel in sich selbst gewisse Zentren, durch die der Mensch die Ätherwelt mit ihrer Vielzahl an Phänomenen wahrzunehmen vermag. Diese Kräfte und Fähigkeiten werden an späterer Stelle beschrieben werden.

Man sollte beachten, dass das ätherische Gegenstück, als Teil des physischen Körpers, normalerweise nicht fähig ist, wie ein eigenständiger Bewusstseinsträger zu wirken, innerhalb dessen ein Mensch leben oder handeln kann. Es besitzt nur ein unklares Teilbewusstsein. Der mentale Aspekt fehlt, und es dient auch nicht als Medium für Mentalität, wenn es von seinem grobstofflichen Gegenstück abgetrennt wird. Da es als Träger des *Prâna* oder der Vitalität, nicht aber des Mentalbewusstseins dient, wirkt sich ein Loslösen von den grobstofflichen Partikeln, denen es die Lebensströme übermittelt, beunruhigend und gesundheitsschädigend aus. Bei einem normalen, gesunden Menschen kann sich der Ätherkörper nicht von der Physis, zu der er gehört, fortbewegen, was eine Trennung erschwert.

Bei medial veranlagten Personen hingegen lässt sich das ätherische Gegenstück verhältnismäßig leicht ablösen, dessen Substanz die Grundlage für zahlreiche Erscheinungen bildet.

Das ätherische Doppel kann durch einen Unfall, den Tod oder durch Betäubungsmittel, wie Äther, Gas oder Mesmerismus, vom physischen Körper getrennt werden. Da es das Verbindungsglied zwischen dem Gehirn und dem höheren Bewusstsein darstellt, ruft eine durch Narkosemittel hervorgerufene, gewaltsame Ausstoßung eine Betäubung hervor.

Die auf diese Weise hinausgetriebene Äthermasse windet sich um den Astralkörper und stumpft auch dessen Bewusstsein ab. Wenn die Wirkung der Betäubungsmittel nachgelassen hat, erinnert sich das Gehirnbewusstsein daher gewöhnlich nicht mehr an die Zeit, die es im Astralkörper verbracht hat.

Mit der Methode und den Folgen eines Rückzugs der Äthermasse aufgrund von Mesmerismus werden wir uns in einem späteren Kapitel beschäftigen.

Auch gesundheitliche Schwäche oder Aufregung können den Ätherkörper von seinem grobstofflichen Gegenstück abstoßen, wobei dieser, dem Ausmaß der ausgestoßenen Äthermasse entsprechend, sich sehr dumpf bewusst wird oder außer sich gerät.

Eine Trennung vom physischen Körper bringt gewöhnlich eine beachtliche Verringerung seiner Vitalität mit sich. Je mehr die Energie abnimmt, desto lebendiger wird das Doppel. Henry S. Olcott schrieb dazu:

»Wenn der Ätherkörper von einem geschulten Experten verschoben wird, scheint sogar der Körper zu erstarren und der Geist sich in einem abwesenden oder benommenen Zustand zu befinden. Die Augen blicken leblos; die Herz- und Lungentätigkeit ist schwach und die Temperatur oft sehr niedrig. Unter diesen Umständen ein plötzliches Geräusch zu verursachen oder ins Zimmer zu stürzen, kann sehr gefährlich sein. Da die Ätherhülle durch die augenblickliche Reaktion in den Körper zurückgezogen wird, beginnt das Herz krampfartig zu schlagen, was sogar zum Tode führen kann.«

Die Beziehung zwischen dem ätherischen und dem grobstofflichen Körper ist tatsächlich so eng, dass sich eine der Ätherhülle zugefügte Verletzung als Wunde auf dem physischen Körper zeigen kann, eine seltsame Erscheinung, die so genannte »Rückwirkung«. Derartige Reaktionen können auch in Bezug auf den Astralkörper auftreten. Wird dieser verletzt, schlägt sich diese Verletzung unter gewissen Umständen im physischen Körper nieder.

Eine solche Reaktion scheint sich jedoch nur in solchen Fällen vollständig zu manifestieren, in denen sie sowohl sichtbar als auch fühlbar wird. Dies gilt aber nur, wenn Substanz aus dem ätherischen Doppel daran beteiligt ist. Handelt es sich um die Substanz des umliegenden Äthers, könnte eine Verletzung der Form den physischen Körper rückwirkend ebenso wenig beeinflussen wie die Verletzung einer Marmorstatue den tatsächlichen Menschen.

Obwohl sich die Äthersubstanz dem gewöhnlichen Blick entzieht, ist sie noch rein physischer Natur und kann daher durch Kälte, Hitze und starke Säuren beeinträchtigt werden.

Menschen, die ein Gliedmaß durch Amputation verloren haben, klagen manchmal über Schmerzen an der Stelle, an der das Glied einmal gesessen hat. Das liegt daran, dass der ätherische Anteil des Gliedes nicht mit dem physischen Glied entfernt wurde. Hellsichtige Personen vermögen es dort noch wahrzunehmen. Durch einen entsprechenden Reiz können Empfindungen in diesem ätherischen Glied wachgerufen und dem Bewusstsein übermittelt werden.

Es gibt eine große Anzahl weiterer Phänomene, die mit dem ätherischen Doppel, seiner Ablösung vom physischen Körper, seiner Ausstrahlung und dergleichen in Zusammenhang stehen. Doch bevor wir näher darauf eingehen, wollen wir zunächst die Natur und das Wirken des *Prâna* oder der Vitalität betrachten.

KAPITEL 2

PRÂNA ODER VITALITÄT

Esoteriker wissen, dass es zumindest drei unterschiedliche und charakteristische Strahlen gibt, die von der Sonne ausgehen und unseren Planeten erreichen. Es mag zahllose weitere Kräfte geben, doch diese drei lassen sich mit Sicherheit erkennen.

1. *Fohat* (Elektrizität)
2. *Prâna* (Vitalität)
3. *Kundalini* (Schlangenkraft)

Fohat (Elektrizität) beinhaltet praktisch alle physischen Kräfte, die wir kennen und die ineinander umwandelbar sind, wie Elektrizität, Magnetismus, Licht, Hitze, Klang, chemische Affinität, Bewegung und so fort.

Prâna ist eine Vitalkraft, deren Existenz von den konventionellen westlichen Wissenschaftlern noch nicht anerkannt wird, obwohl einige wenige sie wahrscheinlich vermuten.

Bei der *Kundalini* oder Schlangenkraft handelt es sich um eine Kraft, die bisher nur wenigen Menschen bekannt ist. Die konventionelle westliche Wissenschaft weiß und ahnt nichts von ihr.

Diese drei Kräfte sind eigenständig, und bisher kann keine von ihnen in die andere umgewandelt werden. Diese Tatsache ist von größter Bedeutung, die unbedingt beachtet werden sollte.

Außerdem besitzen diese drei Kräfte keinerlei Beziehung zu den »drei großen Ausgießungen«, die bewusst durch die Sonnengottheit erfolgten. *Fohat*, *Prâna* und *Kundalini* andererseits scheinen eher die Ergebnisse Seines Lebens, Seiner Eigenschaften zu sein, die sich ohne sichtbare Anstrengung manifestieren.

In seinem Buch »Die Chakras« schreibt C.W. Leadbeater, dass die drei genannten Kräfte folgendermaßen mit den Ausgießungen in Zusammenhang stehen:

Die erste Ausgießung, die vom dritten Aspekt des Logos herrührt, die Primärkraft, erschuf die chemischen Elemente. Dies scheint *Fohat* zu sein.

Die zweite Ausgießung des zweiten Aspekts des Logos beinhaltet das *Prâna* als einen seiner Aspekte.

Die *Kundalini* stellt eine weitere Entwicklung auf dem aufsteigenden Bogen der ersten Ausgießung dar.

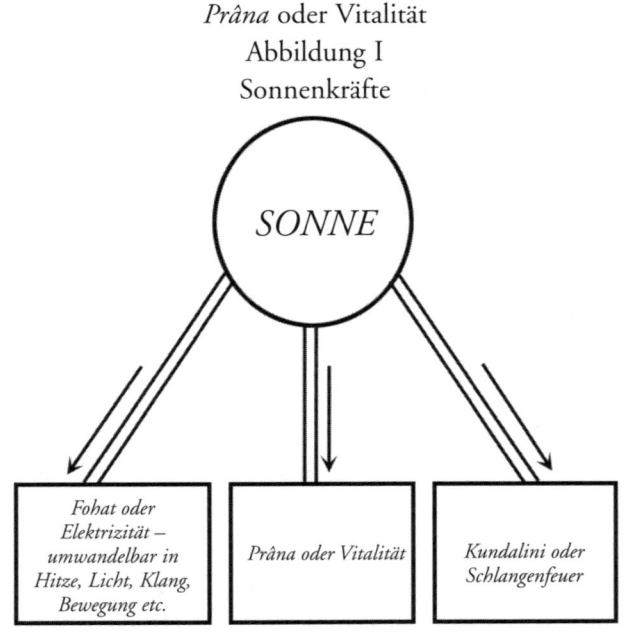

Jede dieser Kräfte manifestiert sich auf allen Ebenen des Sonnensystems.

Das Wort »*Prâna*« stammt aus dem Sanskrit und leitet sich von *pra* (hinaus) und *an* (atmen, bewegen, leben) ab. *Pra-an*, *Prâna*, bedeutet also ausatmen, Lebensatem oder Lebensenergie. Da es für die Hindus nur ein Leben, ein Bewusstsein gibt, gebrauchte man den Begriff *Prâna* für das höchste Selbst, die Energie des Einen, das Leben des Logos. Deshalb kann man das Leben auf jeder Ebene als das *Prâna* der Ebene bezeichnen, wodurch *Prâna* der Lebensatem in jedem Geschöpf wird.

«Ich bin *Prâna*...*Prâna* ist Leben«, spricht Indra, die erhabene Gottheit, das Oberhaupt der Hierarchie des Lebens in der niederen Welt. In diesem Fall bedeutet *Prâna* eindeutig die Gesamtheit der Lebenskräfte. In der Mundaka-Upanishade heißt es, dass von *Brahman*, dem Einen, das *Prâna* oder das Leben kommt. *Prâna* wird auch als *Âtmâ* in seiner nach außen gerichteten Eigenschaft beschrieben: »Von *Âtmân* wurde dieses *Prâna* geboren« (Prashna-Upanishade). Shankara bezeichnet *Prâna* als *Kriyashakti* – die *Shakti* (Kraft) des Handelns, nicht des Wissens. Es wird als eines der sieben Elemente eingestuft, die den sieben Regionen des Universums, den sieben Hüllen des Brahman, entsprechen. Diese sind: *Prâna*, *Manas*, Äther, Feuer, Luft, Wasser und Erde.

Die Hebräer sprechen vom »Atem des Lebens«, den sie *Nephesch* nennen, der in Adams Nasenlöcher gehaucht wurde. Genau genommen versteht man unter *Nephesch* jedoch nicht nur *Prâna* allein, sondern *Prâna* in Verbindung mit dem nächsten Prinzip, dem *Kâma*. Diese beiden bilden den »Lebensfunken« – den »Lebensatem in Mensch, Tier oder Insekt – des physischen, materiellen Lebens«.

In mehr westliche Begriffe übertragen, beschreibt man *Prâna* auf physischer Ebene am besten als Vitalität, als die integrierende Energie, die die physischen Moleküle und Zellen koordiniert und zu einem bestimmten Organismus zusammenfügt. Sie ist der Lebensatem innerhalb des Organismus, der Teil des universellen

Lebensatems, der von einem bestimmten Organismus während der Periode körperlichen Daseins, das wir als »ein Leben« bezeichnen, verwendet wird. Ohne *Prâna* könnte es keinen physischen Körper geben, der als ein integrales Ganzes, als ein Wesen wirkt. Ohne *Prâna* wäre der Körper nicht mehr als eine Ansammlung unabhängiger Zellen. Das *Prâna* verkettet und verbindet diese in ein einziges, zusammengesetztes Ganzes, fügt die Fäden und Maschen des »Lebensgewebes« ineinander, jenes schimmernd goldenen Gewebes von unsagbarer Feinheit und zarter Schönheit, gebildet aus einem einzigen Faden buddhischer Substanz, eine Verlängerung des *Sûtrâtmâ*, in dessen Netz die gröberen Atome zusammengefügt sind.

Prâna wird von allen lebenden Organismen aufgenommen; ein ausreichender Vorrat scheint für ihre Existenz unbedingt notwendig zu sein. Daher kann man es nicht als Lebensprodukt bezeichnen, sondern das lebendige Tier, die lebende Pflanze und so fort sind seine Produkte. Ist das Nervensystem jedoch übersättigt, kann dies ebenso zu Krankheit und Tod führen, wie eine Unterversorgung Erschöpfung und letztendlich auch den Tod mit sich bringt.

H. P. Blavatsky vergleicht *Prâna*, die alle lebendigen Phänomene hervorbringende Aktivkraft, mit dem die Verbrennung fördernden Sauerstoff, dem Leben spendenden Gas, dem aktiven, chemischen Stoff in allem organischen Leben. Es wird auch ein Vergleich zwischen dem ätherischen Doppel, dem inaktiven Träger des Lebens und dem Stickstoff, einem inaktiven Gas, gezogen, das gemischt mit Sauerstoff diesen für die tierische Atmung anpasst und auch weitgehend in alle organischen Substanzen eintritt.

Die Tatsache, dass eine Katze hervorragend mit *Prâna* ausgestattet ist, hat die bekannte Vorstellung von den »neun Leben« einer Katze geschaffen und scheint indirekt auch mit den Gründen in Zusammenhang zu stehen, aus denen dieses Tier im alten Ägypten als heilig betrachtet worden ist.

Auf physischer Ebene baut das *Prâna* alle Minerale auf und wirkt als kontrollierendes Element bei den chemisch-physiologischen Veränderungen im Protoplasma, die zur Differenzierung und dem Aufbau der verschiedenen Körpergewebe von Pflanzen, Tieren und Menschen führen. Dies zeigt sich durch die Fähigkeit, auf Reize zu reagieren.

Die Mischung von astralem und physischem *Prâna* bildet die Nervensubstanz, die im Grunde genommen die Zelle formt und es ermöglicht, Vergnügen und Schmerz zu empfinden. Als Folge des Gedankens entwickeln sich die Zellen zu Fasern, wobei das *Prâna* entlang dieser aus physischem, astralem und mentalem *Prâna* zusammengesetzten Fasern pulsiert.

Innerhalb der physischen Atome selbst strömt das *Prâna* die Spirillen (Atomkerne) entlang. Am Beginn der Menschheitsentwicklung aktiviert das monadische Leben, das durch die geistige Triade (Atmâ-Buddhi-Manas) fließt, die erste Gruppe von Spirillen, und diese werden von den *Prâna*-Strömen benutzt, die auf den grobstofflichen physischen Körper wirken. Später belebt die Monade die zweite Gruppe von Spirillen, die von dem *Prâna* durchlaufen werden, das mit dem ätherischen Doppel verbunden ist. Anschließend wird die dritte Gruppe von Spirillen durch das monadische Leben geweckt. Durch sie fließt das *Prâna* des *Kâma* (der Begierde), das die Empfindung von Vergnügen und Schmerz ermöglicht. Im weiteren Verlauf der Evolution erweckt das monadische Leben die vierte Gruppe von Spirillen, die zum Träger des *Kâma-Manas-Prâna* werden, was die Atome tauglich macht, in ein Gehirn eingebaut zu werden, das dem Denken dient.

Bis zu dieser Stufe ist die durchschnittliche gegenwärtige Menschheit fortgeschritten. Gewisse Yoga-Praktiken (die mit größter Vorsicht angewendet werden sollten, um dem Gehirn nicht zu schaden) bewirken die Entwicklung der fünften und sechsten Gruppe von Spirillen, die als Kanäle für höhere Bewusstseinsformen dienen. Die sieben Spirillen im Atom dürfen nicht mit den »Wirbeln« verwechselt werden, von denen es zehn gibt, drei grobe und sieben feine. In den drei gröberen Wirbeln fließen verschiedene Elektrizitätsströme, während die sieben feineren Wirbel auf alle möglichen Ätherwellen, wie Klang, Licht oder Hitze, reagieren.

Die »Geheimlehre« spricht vom *Prâna* als den »unsichtbaren« oder »feurigen« Leben, die die Mikroben mit »aufbauender Lebensenergie« versorgen und sie auf diese Weise befähigen, die physischen Zellen aufzubauen, wobei sich die Größe des kleinsten Bakteriums, verglichen mit einem »feurigen Leben«, wie ein Elefant zum winzigsten Wimperntier verhält. Jedes sichtbare Ding in diesem Universum wurde durch viele Leben aufgebaut, vom bewussten und göttlichen Urmenschen bis hinab zu den unbewussten Erbauern der Materie. Durch die Manifestation des *Prâna* erscheint der Geist, der stumm ist, als der Sprecher.

Die gesamte aufbauende Lebenskraft im Universum und im Menschen wird so als *Prâna* zusammengefasst.

Ein Atom ist auch ein »Leben«, aber das Bewusstsein ist das des dritten Aspekts des Logos. Eine Mikrobe ist ein »Leben«, ihr Bewusstsein das des zweiten Aspekts des Logos, bestimmt und modifiziert durch den planetarischen Logos und den »Geist der Erde«.

Die »Geheimlehre« spricht auch von einem »grundlegenden Dogma« der esoterischen Lehre, dass die Sonne das Lagerhaus der Vitalkraft ist und dass von der Sonne jene Lebensströme ausgehen, die den Weltraum ebenso durchschwingen wie jeden lebendigen Organismus auf der Erde. Paracelsus bezog sich mit folgender Aussage auf das *Prâna*: »Der gesamte Mikrokosmos ist potentiell im Lebenssaft enthalten, einer Nervenflüssigkeit, in der die Natur, die Eigenschaft, der Charakter und die Essenz aller Lebewesen liegen.« Paracelsus nannte es auch den »Archaeus«. Dr. B. Richardson sprach vom »Nerven-Äther«. Die Nasmyth Weidenblätter dienen als Speicher für die Lebensenergie der Sonne. Die wahre Sonne verbirgt sich hinter dem sichtbaren Sonnenkörper und bildet den Lebenssaft, der im Zehn-Jahres-Zyklus unser System durchkreist.

Die alten Arier sangen, dass Surya, »verborgen hinter seinem Yogi, sein Haupt umhüllt, damit niemand ihn schaut«.

Die indischen Asketen tragen ein orangefarbenes Gewand mit rötlichen Flecken, um das *Prâna* im Blut des Menschen zu versinnbildlichen, das Symbol des Lebensprinzips in der Sonne oder, wie es heute genannt wird, der Chromosphäre, der »rosenfarbenen« Region.

Die Nervenzellen selbst werden natürlich durch die »Nahrungshülle«, den grobstofflichen Körper, versorgt. Die beherrschende Energie aber ist das *Prâna*, das auf die Nervenzentren einwirkt, indem es die Nahrungshülle steuert und so gestaltet, wie es das in der höheren Intelligenz angesiedelte Ich bestimmt.

Obwohl die Nerven im physischen Körper liegen, ist es nicht dieser, der fühlt; er nimmt nur die Eindrücke auf. Diese äußere Hülle empfängt zwar den Eindruck, doch seine eigenen Zellen sind nicht fähig, Vergnügen oder Schmerz zu empfinden. In recht verschwommener, dumpfer und »massiver« Weise wird ihm nur ein undefinierbares und verwischtes Gefühl, wie eine allgemeine Erschöpfung, bewusst.

Die körperlichen Kontakte werden durch das *Prâna* ins Innere übertragen. Diese intensiven, scharfen, starken und spezifischen Empfindungen unterscheiden sich sehr von den schweren, unklaren Sinneseindrücken der Zellen selbst. Daher ist es immer das *Prâna*, das den physischen Organen die Empfindung vermittelt und die äußeren Schwingungen den Gefühlszentren überträgt, die im *Kâma* angesiedelt sind, in der Hülle, die dem *Prâna* am nächsten liegt, dem *Manomayakosha*. Mittels des ätherischen Doppels läuft das *Prâna* die Körpernerven entlang und befähigt diese nicht nur, als Träger äußerer Eindrücke zu wirken, sondern auch als Überbringer der motorischen Kraft, die im Innern ihren Ursprung nimmt.

Das Spiel der *Prâna*-Lebensströme im ätherischen Doppel der Minerale, Pflanzen und Tiere weckt die Astralsubstanz in ihrer atomaren und molekularen Struktur und bewirkt dadurch eine »Antriebskraft«, die es der Monade der Form ermöglicht, astrales Material heranzuziehen, das von den Naturgeistern in ein lose zusammengefügtes Gebilde, dem zukünftigen Astralkörper, gebracht wird.

Im Mineral ist die Astralsubstanz kaum aktiv, weshalb man ein Wirken vom Astralen zum Physischen hin nicht wahrnimmt. In den höheren Pflanzen beeinflusst die vermehrte astrale Tätigkeit ihre ätherische und dadurch ihre grobstoffliche Substanz. Bei Tieren wirkt sich das sehr viel stärkere Astralbewusstsein auf ihr ätherisches Doppel aus. Durch diese ätherischen Schwingungen wird die Bildung des Nervensystems angeregt, das in den Pflanzen nur schwach zu ahnen war.

Bewusst gesetzte Impulse – bereit zu erfahren – verursachen astrale Schwingungen, die ihrerseits die Äthersubstanz zum Schwingen bringen. Der Impuls stammt aus dem Bewusstsein. Der tatsächliche Aufbau des Nervensystems aber, wozu das Bewusstsein auf dieser Stufe nicht fähig ist, wird von ätherischen Naturgeistern unter Leitung der Lichtwesen des dritten Elementalreichs und des Logos durchgeführt, die durch die Gruppenseele wirken.

Zunächst erscheint im Astralkörper ein Zentrum, dessen Aufgabe es ist, von außen kommende Schwingungen aufzunehmen und darauf zu reagieren. Aus diesem Zentrum bewegen sich Schwingungen zum Ätherkörper und rufen dort ätherische Wirbel hervor, die dichte Materieteilchen in sich hineinziehen, die schließlich eine Nervenzelle und Zellgruppen bilden, die die Schwingungen, die sie von der äußeren, physischen Welt auffangen, zurück zu den Astralzentren tragen. Auf diese Weise reagieren die physischen und astralen Zentren miteinander, was zur Folge hat, dass sie immer komplizierter und wirkungsvoller werden. Durch einen Impuls aus der Astralwelt bildet sich aus diesen Zellen zunächst das sympathische Nervensystem. Später wird das cerebrospinale System durch einen Impuls aus der Mentalwelt aufgebaut.

Das sympathische Nervensystem verbleibt immer in direkter Verbindung mit den Astralzentren. Doch es ist wichtig zu beachten, dass es sich bei diesen Astralzentren nicht um die Astral-Chakras handelt, von denen später die Rede sein wird, sondern bloß um Ansammlungen in der Astralhülle, die den Anfang der Zentren formen, die die Organe im physischen Körper aufbauen werden. Die Astral-Chakras werden erst zu einem viel späteren Zeitpunkt in der Evolution gebildet.

Aus diesen Zentren, bei denen es sich nicht um die Chakras handelt, entstehen im physischen Körper zehn Organe. Fünf von ihnen sollen Eindrücke aufnehmen; es sind die *Jñânendriyas*, Wissenszentren oder Sinneszentren im Gehirn, die schließlich mit den Augen und Ohren, der Zunge und Nase und der Haut verbunden werden. Die Aufgabe der übrigen fünf Zentren besteht darin, Bewusstseinsschwingungen auf die äußere Welt zu übertragen. Bei diesen *Karmendriyas*, tätigen Sinnen oder Sinneszentren, die für Aktivität sorgen, handelt es sich um die motorischen Gehirnzentren, die mit den Sinnesorganen der Hände, Füße, des Kehlkopfs und der Fortpflanzungs- und Ausscheidungsorgane verbunden werden.

Der Schüler muss sorgfältig auf den Unterschied achten, der zwischen dem die Nervenbahnen entlang fließenden *Prâna* und dem so genannten Magnetismus oder der Nervenflüssigkeit eines Menschen besteht, die in seinem eigenen Körper gebildet wird. Diese Nervenflüssigkeit oder der Magnetismus lässt die Äthersubstanz die Nerven, genauer gesagt einen Äthermantel, der jeden Nerv umhüllt, entlang laufen, vergleichbar mit dem durch die Venen zirkulierenden Blut. Ebenso wie das Blut Sauerstoff zum Körper transportiert, überträgt die Nervenflüssigkeit das *Prâna*.

Genauso wie die Stoffteilchen des dichten, physischen Körpers sich beständig verändern und durch neue, frische Teilchen ersetzt werden, die der Nahrung, dem Wasser und der Luft entstammen, werden auch die Partikel des Ätherkörpers fortlaufend verändert und durch frische Ätherteilchen ersetzt, die der Körper mit der Nahrung, der eingeatmeten Luft und dem *Prâna* in Form von Vitalitäts-Kügelchen aufnimmt.

Das *Prâna* oder die Vitalität existiert auf allen Ebenen, der physischen, astralen, mentalen und so fort. *Prâna*, das eine Leben, »ist der Nabel, an dem die sieben Speichen des universalen Rads befestigt sind« (Hymne an *Prâna*, Atharva Veda, XI., 4). An dieser Stelle wollen wir uns aber nur mit seiner Erscheinung und seiner Wirkungsweise auf der niedrigsten, der physischen Ebene, befassen. Auf dieser Stufe ist es siebenfältig, das heißt, es gibt sieben verschiedene Formen von *Prâna*.

Obwohl es sich von Licht oder Wärme unterscheidet, scheint seine Manifestation auf der physischen Ebene vom Sonnenlicht abzuhängen, denn bei einer Fülle an Sonnenlicht scheint es auch eine Fülle an *Prâna* zu geben; ohne Sonnenlicht aber fehlt das *Prâna*.

Abbildung II a
Das Vitalitäts-Kügelchen
Ein physisches Ur-Atom

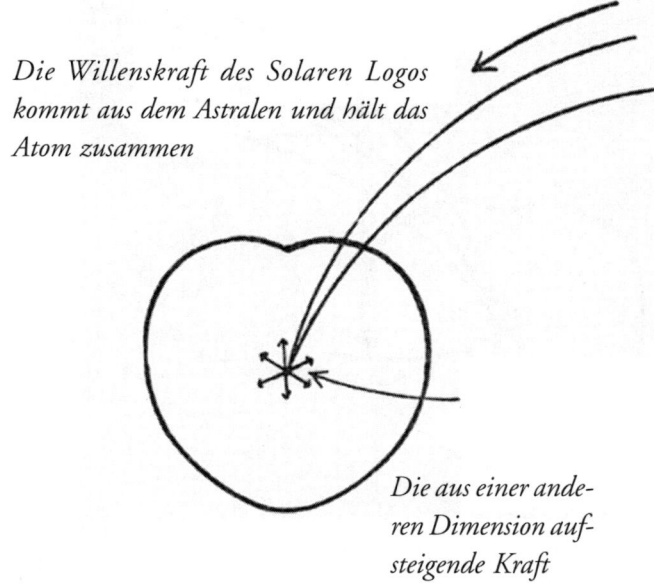

Die Willenskraft des Solaren Logos kommt aus dem Astralen und hält das Atom zusammen

Die aus einer anderen Dimension aufsteigende Kraft

Das *Prâna* entströmt der Sonne und tritt in einige der physischen Ur-Atome, die in zahllosen Myriaden in der Erdatmosphäre umhergleiten. Obwohl wir von »eintreten« sprechen, geschieht dies nicht von außerhalb. Die Kraft kommt aus der vierten Dimension, weshalb der Hellsehende sie aus dem Innern emporsteigen sieht.

Es gibt zwei Kräfte, die von innen in das Atom dringen: (1) die Willenskraft des Logos, die das Atom als solches zusammenhält und (2) die *Prâna*-Kraft. Das *Prâna* entspringt dem zweiten Aspekt der Sonnengottheit, die Willenskraft jedoch dem dritten Aspekt.

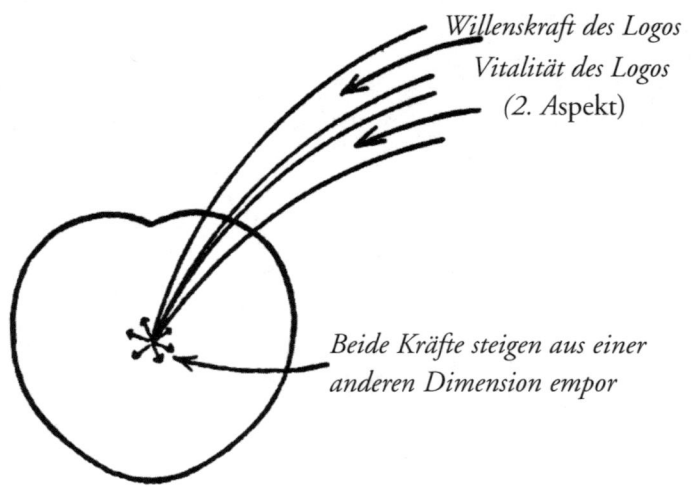

Abbildung II b
Das Vitalitäts-Kügelchen
Die Vitalität tritt in das Atom

Willenskraft des Logos
Vitalität des Logos
(2. Aspekt)

Beide Kräfte steigen aus einer anderen Dimension empor

Das *Prâna* wirkt sich völlig andersartig auf die Atome aus als Elektrizität, Licht, Wärme oder andere Ausdrucksformen des *Fohat*. Die durch die Atome rauschende Elektrizität lenkt sie ab, hält sie in einer gewissen Weise und verleiht ihnen eine eigene und bestimmte Schwingungsrate. Jede der verschiedenen Äußerungen des *Fohat*, wie Elektrizität, Licht oder Wärme, versetzt das Atom als Ganzes in eine Schwingung, deren Ausschlag die Größe des Atoms ungeheuer übersteigt. Diese Kräfte wirken von außen auf das Atom ein.

Dem Schüler der esoterischen Lehre werden Gestalt und Struktur des physischen Uratoms, dem kleinsten Teilchen auf physischer Ebene, das in seinen verschiedenen Zusammensetzungen feste, flüssige, gasförmige und andere Stoffe bildet, bekannt sein. Aus diesem Grunde werden diese Ur-Atome in diesem Buch nur skizziert.

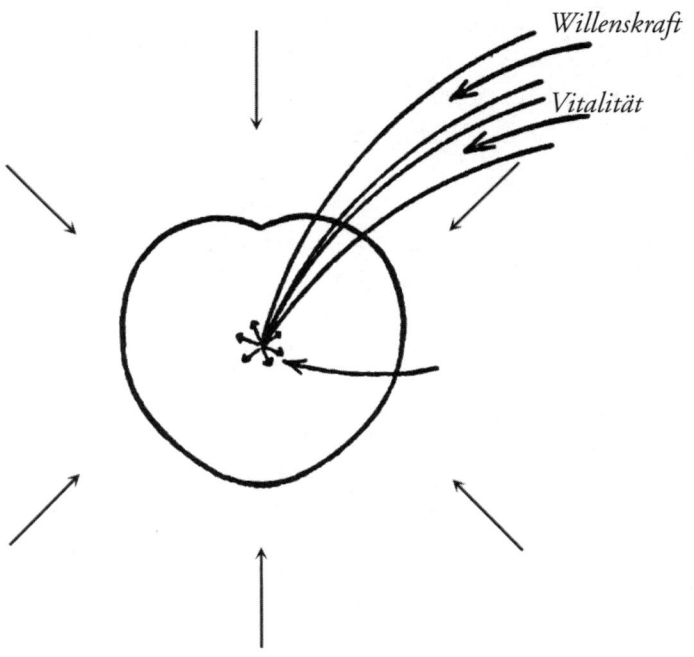

Abbildung III a
Das Vitalitäts-Kügelchen
Das Atom zieht sechs weitere Atome an

Die Vitalität »führt dem Atom mehr Leben zu und verleiht ihm eine Anziehungskraft...«

Die der Sonne entströmende Kraft des *Prâna* dringt in einige Atome ein und lässt sie glühen. Ein solches Atom, das mit diesem zusätzlichen Leben aufgeladen ist, besitzt eine sechsfache Anziehungskraft, so dass es sofort sechs weitere Atome anzieht. Diese lagert es in einer bestimmten Anordnung um sich herum und bildet ein subatomares oder hyper-meta-proto Element, wie es in der »Okkulten Chemie« von C.W. Leadbeater genannt wird. Diese Kombination aber unterscheidet sich von allen anderen bisher beobachteten Atomverbindungen dadurch, dass die Kraft, die sie hervorruft und zusammenhält, vom zweiten Aspekt statt vom dritten Aspekt der Sonnengottheit stammt. Dieses Gebilde wird als »Vitalitäts-Kügelchen« bezeichnet. Diese kleine Gruppe, welche die außerordentlich strahlende Perlenschnur in der männlichen oder positiven Spirale des chemischen Elementes Sauerstoff bildet, ist auch das Herz in der zentralen Kugel des Radium-Atoms.

Abbildung III b
Das Vitalitäts-Kügelchen
Bildung des Kügelchen

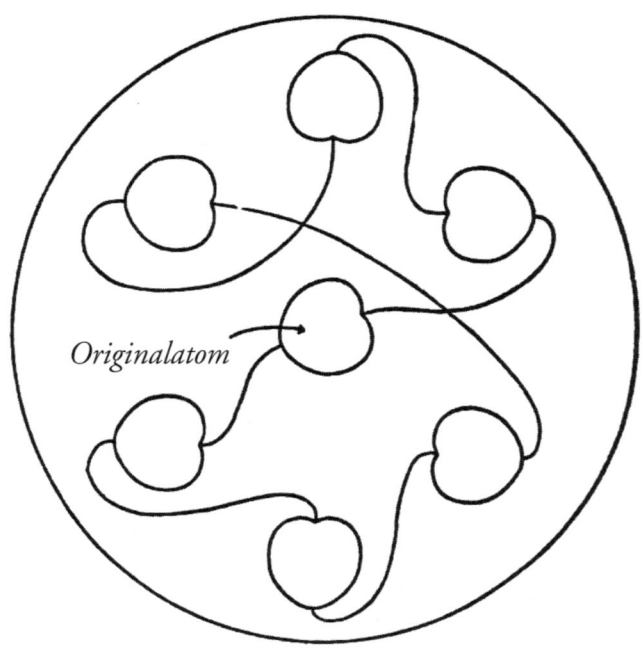

Das Vitalitäts-Kügelchen ist ein hyper-meta-proto Element auf subatomarer Ebene und insofern einzigartig, dass es von einer Kraft hervorgerufen und zusammengehalten wird, die aus dem Zweiten Aspekt des Logos hervorgeht.

Diese Kügelchen kann man aufgrund ihres Glanzes und ihrer außerordentlichen Lebendigkeit besonders an einem sonnigen Tag in unendlicher Anzahl durch die Atmosphäre schießen sehen. Sie lassen sich am besten erkennen, wenn man der Sonne den Rücken kehrt und sich gegen den klaren Himmel auf sie konzentriert. In seinem Glanz ist das Kügelchen fast farblos und kann mit weißem Licht verglichen werden.

Obwohl die Kraft, die diese Kügelchen belebt, sich vom Licht durchaus unterscheidet, scheint die Möglichkeit ihrer Manifestation dennoch von der Gegenwart des Lichts abzuhängen. Im strahlenden Sonnenschein quillt diese Vitalität beständig neu auf, und die Kügelchen bilden sich in unglaublichen Mengen. Bei bewölktem Himmel dagegen ist eine starke Abnahme in der Anzahl der Kügelchen zu bemerken, und während der Nacht scheint der Vorgang vollständig eingestellt zu sein. Man kann daher sagen, dass wir in der Nacht von dem Vorrat leben, der am vorangegangenen Tage erzeugt wurde. Obwohl es praktisch unmöglich erscheint, dass dieser Vorrat jemals ganz erschöpft werden könnte, ist er doch während einer langen Reihe von trüben Tagen augenscheinlich geringer.

Es gehört zu den Aufgaben des physischen Elementals, den Körper zu schützen und Vitalität aufzunehmen, damit sich der physische Körper wieder erholt. Ist letzterer wach, sind die Nerven und Muskeln angespannt und bereit, augenblicklich zu reagieren. Wenn der Körper schläft, lässt das Elemental die Nerven und Muskeln entspannen und widmet sich ausschließlich der Vitalitätsaufnahme. Das erklärt die starke Erholungskraft des Schlafs, selbst die eines kurzen Nickerchens.

Das Elemental arbeitet am erfolgreichsten während der ersten Hälfte der Nacht, in der es einen reichlichen Vorrat an Vitalität gibt. In den frühen Morgenstunden, vor Sonnenaufgang, ist der Vorrat an Kügelchen am geringsten, weshalb gerade in diesen Stunden die größte Sterberate liegt. Auch gilt die Redensart, dass eine Stunde Schlaf vor Mitternacht ebensoviel wert sei wie zwei Stunden danach. Im Vergleich zum Sommer ebbt das *Prâna* im Winter ab.

Wenn die Vitalität, die sich nicht nur auf die physische, sondern auf alle Ebenen ergießt, ausströmt, werden die Gefühle, der Intellekt und der Geist unter einem klaren Himmel mit der unschätzbaren Hilfe des Sonnenlichts in Hochform sein. Selbst die Farben des ätherischen *Prâna* entsprechen in gewisser Weise ähnlichen Farbtönen auf der Astralebene. Rechtes Fühlen und klares Denken wirken sich auf die physische Ebene aus und unterstützen diese, die Vitalität aufzunehmen und so eine robuste Gesundheit zu bewahren. Wir erkennen nun die enge Verbindung zwischen geistiger, mentaler und emotionaler Gesundheit und der Gesundheit des physischen Körpers und werden an den bekannten Ausspruch des Buddha erinnert, dass der erste Schritt auf dem Pfad zum Nirvana eine vollkommene physische Gesundheit ist.

Wenn das Kügelchen einmal geladen wurde, verbleibt es als sub-atomares Element und scheint keiner Veränderung und keinem Kraftverlust unterworfen zu sein, solange es nicht von einem lebenden Wesen aufgenommen wird.

Bevor wir uns dem äußerst interessanten und wichtigen Thema der Aufnahme des *Prâna* im physischen Körper zuwenden, wollen wir uns zuerst mit der Wirkungsweise im ätherischen Doppel beschäftigen, das den Vorgang beeinflusst.

KAPITEL 3

KRAFTZENTREN

Im Ätherkörper wie auch in jedem anderen unserer Körper gibt es bestimmte Kraftzentren oder Chakras, wie sie in Sanskrit genannt werden, was wörtlich übersetzt »Rad« oder »Drehscheibe« bedeutet.

Die Chakras befinden sich auf der Oberfläche des Ätherkörpers, der sich wenig über den Umfang des physischen Körpers ausdehnt. Dem hellsichtigen Menschen erscheinen sie als Wirbel oder napfförmige Vertiefungen sich schnell drehender Materie.

Die Kräfte, die durch die Chakras fließen, sind lebenswichtig für das ätherische Doppel. Der jeweilige Entwicklungsgrad dieser Zentren, die jeder Mensch besitzt, unterscheidet sich beim Einzelnen beachtlich. Wenn sie unentwickelt sind, schimmern sie nur schwach, und die Ätherteilchen bewegen sich so träge, dass sie gerade eben den erforderlichen Wirbel bilden, um die Kraft zu übertragen. Bei fortgeschrittenen Menschen hingegen glühen und pulsieren die Chakras; sie strahlen und funkeln wie kleine Sonnen. Ihre Größe beträgt zwischen fünf und fünfzehn Zentimetern im Durchmesser.

Bei einem Neugeborenen finden wir winzig kleine Kreise in der Größe eines Fünfcent-Stücks – kleine, harte Scheiben, die sich fast überhaupt nicht bewegen und nur schwach schimmern.

Die ätherischen Chakras besitzen zwei klar erkennbare Aufgaben. Die erste besteht darin, *Prâna* oder Vitalität aufzunehmen und dann im ätherischen und physischen Körper zu verteilen, um sie so lebendig zu erhalten. Weiterhin senken sie die dem entsprechenden Astralzentrum innewohnende Eigenschaft in das physische Bewusstsein. Eine fehlende Entwicklung der Ätherzentren ist dafür verantwortlich, dass Erinnerungen an astrale Erlebnisse dem Gehirn nicht übermittelt werden. Viele Menschen sind auf astraler Ebene hellwach und vollbewusst und führen in ihrem Astralkörper ein aktives Leben. Wenn sie aber in ihren schlafenden physischen Körper zurückkehren, sickert kaum eine Erinnerung an das astrale Leben zum Gehirn durch, bloß weil die nötige ätherische Brücke nicht gebaut wurde. Wenn die Ätherzentren voll ausgebildet sind, erinnert sich das Gehirn lückenlos und beständig an die astralen Erlebnisse.

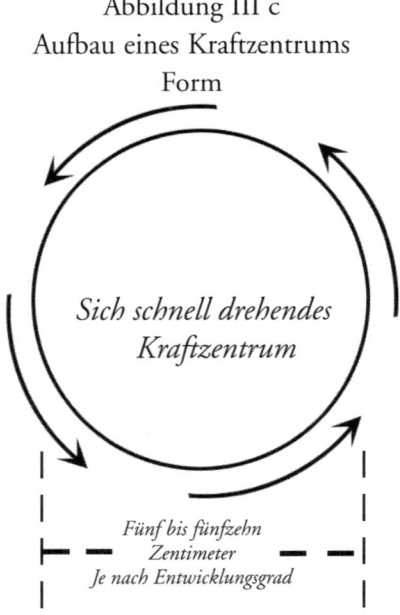

Abbildung III c
Aufbau eines Kraftzentrums
Form

Sich schnell drehendes Kraftzentrum

*Fünf bis fünfzehn Zentimeter
Je nach Entwicklungsgrad*

*Sie gleichen napfförmigen Vertiefungen oder Wirbeln und befinden sich auf der Oberfläche des Ätherkörpers, etwa einen halben Zentimeter über dem physischen Körper.
Aufgabe: Sie übertragen Kräfte vom Astralen zum Ätherischen.
Ähnliche Zentren gibt es in allen Körpern.*

Es scheint keine Verbindung zwischen der Tätigkeit oder Entwicklung der Äther-Chakras und moralischen Eigenschaften zu bestehen; diese beiden Entwicklungswege unterscheiden sich eindeutig voneinander.

Obwohl es im Astralkörper den Ätherzentren entsprechende Astralzentren gibt, dehnen sich diese in eine andere Richtung aus, da die Wirbel auf der vierten Dimension liegen. Daher decken sich die Astralzentren keineswegs immer mit den Ätherzentren, obschon sie teilweise zusammenfallen. Während sich die Ätherzentren immer auf der Oberfläche des Ätherkörpers befinden, liegt das Astralzentrum oft im Innern des Astralkörpers.

Abbildung III d
Aufbau des Kraftzentrums
Zustrom der Vitalkraft

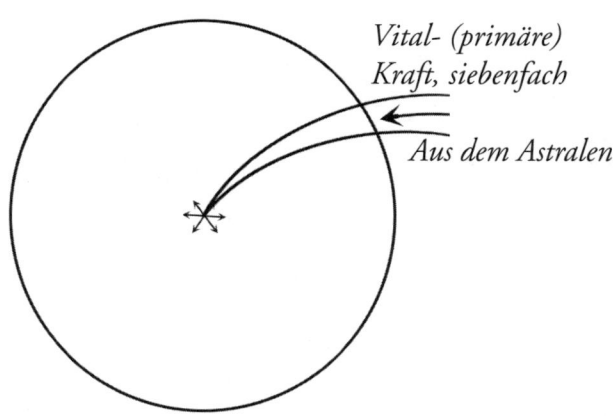

Aus dem Astralen »quillt« die Kraft im Zentrum »empor«.

Eine der sieben Arten der Vitalkraft überwiegt in jedem Zentrum.
Das Einströmen der Vitalkraft gibt dem physischen Körper Leben.

Wie wir bereits im zweiten Kapitel gesehen haben, gibt es sieben verschiedene Arten von *Prâna*, die alle in den Chakras vorhanden sind. Doch in jedem Chakra überwiegt stets eine der Arten.

Das *Prâna* schießt rechtwinklig zu der Ebene, auf der sich das Chakra befindet, in dessen Zentrum hinein; »aufwallen« wäre wohl der bessere Ausdruck, da die Kraft aus dem Astralen in die Ätherebene dringt. Aus dem Zentrum strahlt die Kraft wieder rechtwinklig zu der Richtung aus, aus der sie kam, zum Beispiel auf die Oberfläche des ätherischen Doppels in geraden Linien und in verschiedene Richtungen. Die Anzahl der Richtungen, die den Speichen eines Rads gleichen, sind in jedem Chakra unterschiedlich.

Abbildung III e
Aufbau eines Kraftzentrums
Bildung der »Speichen«

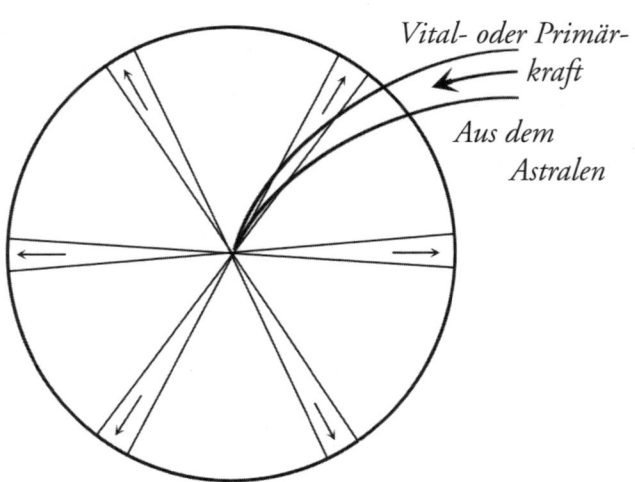

Die primäre Kraft »quillt empor« im Zentrum und strömt dann strahlenförmig aus, wobei die Anzahl dieser Strahlen oder »Speichen« in jedem Chakra verschieden ist.

Die Speichen unterteilen das Chakra, vergleichbar mit Blütenblättern, in eine Anzahl von Abschnitte, weshalb man sie in der indischen Literatur auch mit einer Blüte vergleicht.

Wie ein Magnetstab, den man in eine Induktionsrolle steckt, einen elektrischen Strom rechtwinklig zur Achse des Magneten erzeugt, ruft die in das Chakra eintretende Primärkraft des *Prâna* sekundäre Kräfte hervor. Diese sekundären Kräfte drehen sich um das Chakra, indem sie sich über und unter die Speichen schlingen, ähnlich wie bei dem Boden eines runden Korbs das Material sich über und unter die von der Mitte ausgehenden Rippen windet.

Jede dieser um das Chakra schwingenden Sekundärkräfte besitzt seine eigene charakteristische Wellenlänge und bewegt sich außerdem nicht geradlinig, sondern in verhältnismäßig großen Wellenlinien, von denen eine jede ein Vielfaches der Wellenlänge enthält. Die Schwingungswellen selbst sind unendlich klein und wahrscheinlich sind ihrer Tausende in einer Wellenlänge enthalten, obwohl das genaue Verhältnis noch nicht festgelegt worden ist. Diese schimmernde, schillernde Wirkung erinnert an Perlmutt oder ein bestimmtes venezianisches Glas.

Abbildung III f
Aufbau des Kraftzentrums
Bildung der Sekundärkräfte

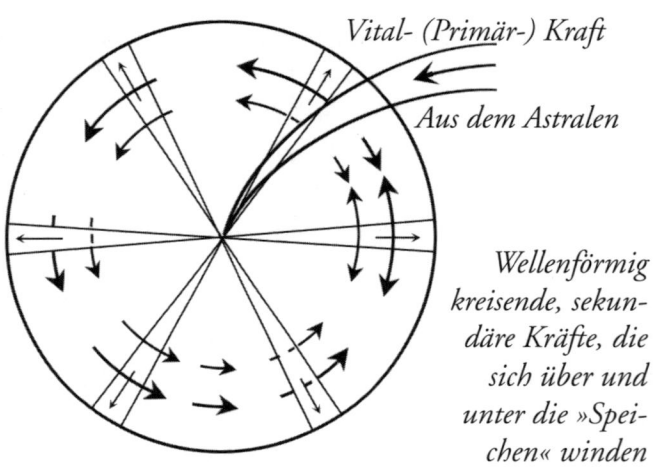

Vital- (Primär-) Kraft

Aus dem Astralen

Wellenförmig kreisende, sekundäre Kräfte, die sich über und unter die »Speichen« winden

Die Chakras werden oft bestimmten physischen Organen zugeordnet, und zwar jenen, in deren unmittelbarer Nähe sie liegen. Doch wie bereits erwähnt, befinden sie sich nicht im Innern des Körpers, sondern auf der Oberfläche des ätherischen Doppels.

Nummer	In unmittelbarer Nähe gelegenes Organ	Sanskrit-Bezeichnung
1	An der Basis des Rückgrats	Mûlâdhâra
2	Nabel	Manipûra
3	Milz	Svâdhisthâna
4	Herz	Anâhata
5	Kehlkopf	Vishuddha
6	Zwischen den Augenbrauen	Ajnâ
7	Scheitel	Sahasrâra / Brahmarandhra
8 9 10	Niedere Organe	

Nummer 8,9,10, die mit den niederen Körperorganen in Zusammenhang stehen, werden nicht von Schülern der »weißen« Magie eingesetzt, obwohl es gewisse Schulen gibt, die Gebrauch von ihnen machen. Die damit verbundenen Gefahren sind so schwerwiegend, dass ihre Erweckung als größtes Unglück betrachtet werden müsste.

Der Strom der Vitalität in oder durch ein Chakra unterscheidet sich jedoch von der Entwicklung des Chakras, die durch die Erweckung der Kundalini herbeigeführt wird.

Wir wollen nun jedes einzelne der sieben Chakras genauer betrachten, indem wir seinen Aufbau, seine Erscheinungsform, Funktion und die mit ihm in Zusammenhang stehenden Fähigkeiten untersuchen. Aus bestimmten Gründen werden wir mit dem dritten Zentrum beginnen, das in der Nähe der Milz liegt.

KAPITEL 4

DAS MILZ-CHAKRA

Das Milz-Zentrum besitzt sechs Speichen und somit dieselbe Anzahl Blütenblätter oder Schwingungsfelder. Dieses Zentrum erscheint besonders strahlend, leuchtend und sonnenhaft.

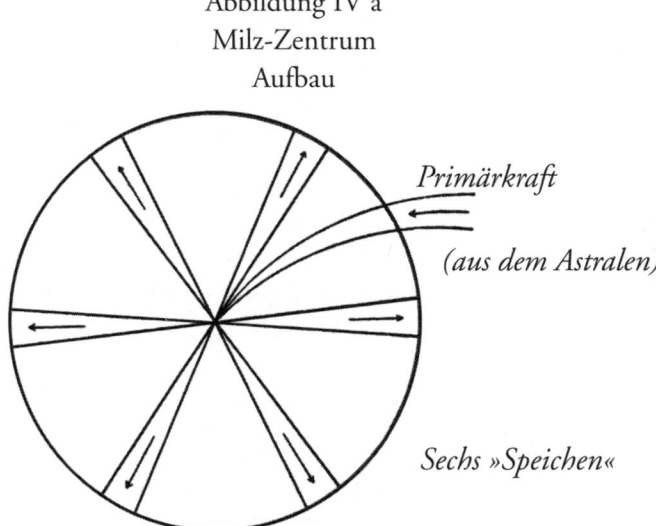

Abbildung IV a
Milz-Zentrum
Aufbau

Primärkraft

(aus dem Astralen)

Sechs »Speichen«

Allgemeines Erscheinungsbild: Strahlend und sonnenhaft.
Funktion des Astral-Zentrums: Belebung des Astralkörpers
Funktion des Äther-Zentrums: Belebung des physischen Körpers
und der Erinnerung an Astralreisen.

Die Einzigartigkeit dieses Zentrums besteht in der wichtigen Aufgabe, die Vitalitätskügelchen aus der Atmosphäre aufzunehmen, sie in ihre Bestandteile zu zerlegen und die einzelnen Atome, die mit dem spezialisierten und umgewandelten *Prâna* aufgeladen sind, an die einzelnen Körperorgane weiterzugeben. Die Abbildungen veranschaulichen diesen Vorgang.

Abbildung IV b
Milz-Zentrum
Aufnahme der Vitalitätskügelchen

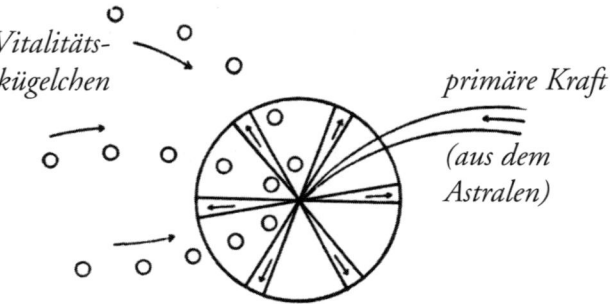

Vitalitätskügelchen werden in das Kraft-Zentrum gezogen

Abbildung IVc
Milz-Zentrum
Abbau der Vitalitätskügelchen

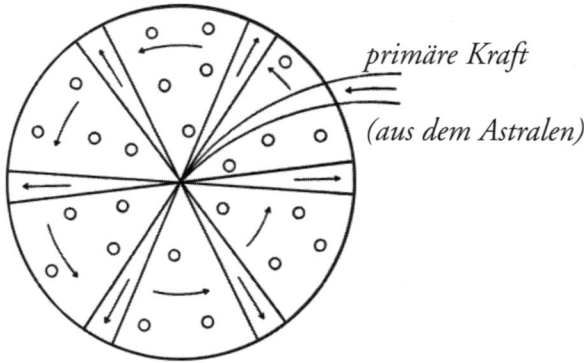

Nachdem die Vitalitätskügelchen in das Zentrum hineingezogen wurden, werden sie abgebaut und die einzelnen Bestandteile von der »Sekundärkraft« im Kreis herumgewirbelt.

Die Vitalitätskügelchen werden zunächst in das Milz-Zentrum hineingezogen und dann in ihre sieben Bestandteile aufgebrochen; jedes Atom ist mit einer der sieben Arten des *Prâna* aufgeladen. Diese Atome werden dann von den sich drehenden sekundären Kräften aufgefangen und um das Chakra herumgewirbelt.

Die einzelnen Formen des *Prâna* weisen folgende Farben auf:

Violett
Blau
Grün
Gelb
Orange
Dunkelrot
Rosarot

Diese Einteilung entspricht nicht ganz genau den Farben unseres Sonnenspektrums, sondern ähnelt eher der Farbanordnung, die man auf den höheren Ebenen des Kausal-, Mental- und Astralkörpers wahrnimmt. Das Indigo des Sonnenspektrums verteilt sich hier auf den violetten und den blauen Strahl des *Prâna*, während sich das Rot in das Dunkelrot und das Rosarot des *Prâna* aufteilt.

Jede der sechs Speichen stürzt sich auf eins der verschiedenen Atome und sendet es zu dem Chakra oder dem Körperteil, in dem es gebraucht wird. Das siebte, das rosarote Atom, geht durch die Nabe oder das Zentrum des Milz-Chakras hindurch und wird von dort aus über das gesamte Nervensystem verteilt. Bei diesem rosafarbenen Atom handelt es sich um das Ursprungsatom, das zuerst die sechs Atome anzog, um das Kügelchen zu bilden.

Die Atome, die das rosafarbene *Prâna* tragen, sind eindeutig das Leben des Nervensystems, und sie sind es, die man auf einen anderen Menschen übertragen kann. Wenn die Nerven nicht ausreichend mit diesem rosafarbenen *Prâna* versorgt sind, werden sie empfindlich und äußerst reizbar. Der Patient wird ruhelos, und das geringste Geräusch oder die leiseste Berührung verursachen ihm heftigste Pein. Wird aber dieses besondere *Prâna* von einem gesunden Menschen auf seine Nerven ausgeströmt, dann verschafft ihm dies sofort Erleichterung.

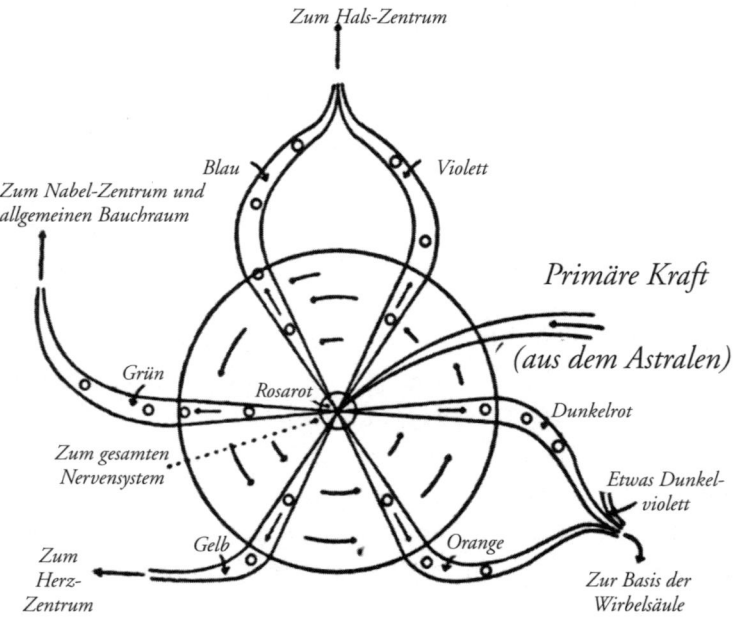

Abbildung IVd
Milz-Zentrum
Verteilung der Vitalitätsteilchen

Vorgang:
1. *Vitalitätskügelchen werden in das Zentrum hineingezogen.*
2. *Vitalitätskügelchen werden in Einzelteilchen aufgebrochen.*
3. *Vitalitätsteilchen werden von der »sekundären« Kraft herumgewirbelt.*
4. *Vitalitätsteilchen werden von der entsprechenden »Speiche« ergriffen und zu den entsprechenden Stellen gesandt.*

Die rosaroten Atome sind die Ursprungsatome, die sechs andere Atome um sich scharten und ein Kügelchen bildeten.

Obwohl es sieben unterschiedliche Arten von *Prâna* gibt, gibt es nur fünf Hauptströme, wie es in einigen indischen Büchern heißt. Die vom Milz-Chakra ausgesandten blauen und violetten Strahlen vereinigen sich in einen, die orangefarbenen und dunkelroten in einen anderen Strom.
Die Ströme verlassen das Milz-Zentrum horizontal.

Die Farben der Ströme und ihre Bestimmungsorte:

Nummer	Strom	Bestimmungsort
1	Blau-Violett	Hals-Zentrum
2	Grün	Nabel-Zentrum, Unterleib
3	Gelb	Herz-Zentrum
4	Orange-Dunkelrot (etwas Dunkelviolett)	Wirbelsäulenbasis
5	Rosarot	Nervensystem

Wenn die verschiedenen Arten der mit *Prâna* aufgeladenen Atome ihren Bestimmungsort erreicht haben, wird ihnen die Vitalität genauso entzogen, wie dies mit einer elektrischen Ladung der Fall wäre. Das *Prâna* gibt dem ätherischen Doppel und damit dem physischen Körper Leben, wobei der Gesundheitszustand der einzelnen Körperteile weitgehend von der Menge der zugeführten Vitalität bestimmt wird. Auf die Bedeutung der Körperkraft und der Heilung von Krankheiten in diesem Zusammenhang wird in dem Kapitel über Heilung und Mesmerismus näher eingegangen werden.

Die Atome, die das rosafarbene *Prâna* tragen, werden in dem Maße, in dem sie die Nerven entlang strömen, allmählich immer blasser und schließlich vom Körper durch die Poren (und anderweitig) ausgestoßen. Dies ruft die so genannte Gesundheitsaura hervor, eine blasse, bläulich-weiße Ausstrahlung, die in Leadbeaters Buch »Der sichtbare und unsichtbare Mensch« abgebildet ist. Bei einem Menschen von robuster Gesundheit verrichtet die Milz ihre Arbeit so großzügig, dass sehr viel mehr von diesen mit Vitalität aufgeladenen Teilchen vorhanden sind, als sein eigener Körper benötigt. Diese unverbrauchten Teilchen werden vom Körper durch die Gesundheitsaura zusammen mit den entladenen Partikeln in alle Richtungen verströmt. Ein solcher Mensch bildet eine Quelle der Gesundheit und Kraft für seine Umgebung, indem er, wenn auch unbewusst, beständig Vitalität ausströmt. Dieser Vorgang kann deutlich verstärkt werden, wenn jemand bewusst andere heilen möchte.

Es ist bekannt, dass sich der Mensch, abgesehen von den erwähnten Teilchen, ununterbrochen durch Transpiration oder auf anderen Wegen winziger Bestandteile des physischen Körpers entledigt. Ein Hellseher nimmt diese als blass-grauen Dunst wahr. Viele dieser Partikel sind kristallin und erscheinen daher als geometrische Figuren. Eine der üblichsten ist das Kochsalz oder Natriumchlorid, das Würfelform annimmt.

Jemand, der aus irgendeinem Grunde unfähig ist, genügend Vitalität für sich selbst zu erzeugen, wirkt oft unbewusst wie ein Schwamm, da sein physisches Elemental die Vitalität zum eigenen Gebrauch von einer sensitiven Person in seiner Nähe abzieht, die oft großen Schaden erleidet. Daher kommt es, dass wir uns oft schwach und erschöpft fühlen, wenn wir eine Zeit lang neben Menschen gesessen haben, die selbst nicht sehr stark sind und diese unglückselige, vampirähnliche Eigenschaft besitzen, anderen die Vitalität zu entziehen. Das Gleiche kann in verstärkter Form bei spiritistischen Sitzungen passieren.

Auch das Pflanzenreich nimmt Vitalität auf, scheint aber in den meisten Fällen nur einen Bruchteil davon zu verwerten. Viele Bäume, insbesondere die Pinie und der Eukalyptus, entziehen ihr fast genau dieselben Bestandteile wie der höhere Teil des menschlichen Ätherkörpers und stoßen alle überflüssigen Atome aus, die mit dem rosafarbenen *Prâna* aufgeladen sind und die sie selbst nicht benötigen. Der Aufenthalt in der Nähe solcher Bäume erweist sich besonders für nervöse Menschen als äußerst vorteilhaft.

Die Gesundheitsaura, die sich aus diesen vom Körper ausgestoßenen Teilchen zusammensetzt, soll den Menschen vor eindringenden Krankheitskeimen bewahren. Bei einem gesunden Organismus werden die Teilchen im rechten Winkel zur Körperoberfläche geradlinig durch die Poren hinausgeschleudert, was sich auf die Gesundheitsaura wie Streifen auswirkt. Solange die Linien fest und gerade bleiben, scheint der Körper vor negativen Einflüssen, wie etwa Krankheitskeimen, fast völlig geschützt zu sein. Die Keime prallen tatsächlich zurück und werden von der ausströmenden *Prâna*-Kraft fortgeschwemmt. Doch wenn aufgrund von Schwäche, Übermüdung, einer Wunde, Depressionen oder durch ein ausschweifendes Leben eine ungewöhnlich große Menge an *Prâna* erforderlich wird, um Abnutzung oder Schaden im Körper zu reparieren und so nicht genügend Vitalität ausgestrahlt werden kann, fallen die Linien der Gesundheitsaura in sich zusammen, werden unregelmäßig und wirr. Dann ist das Abwehrsystem geschwächt und tödliche Keime können leicht eindringen.

In *Science of Breath* heißt es, dass die natürliche Länge vom Körper zum äußeren Rand des »Heiligenscheins« beim Einatmen zehn und beim Ausatmen zwölf »Finger« breit ist. Beim Essen und Sprechen beträgt die Fingerbreite achtzehn; beim Wandern vierundzwanzig; beim Laufen zweiundvierzig; beim Geschlechtsverkehr fünfundsechzig; beim Schlafen einhundert. Eine Verringerung erfolgt dann, wenn ein Mensch von Verlangen übermannt wird, die acht Siddhis erlangt und so fort. Wahrscheinlich handelt es sich bei dem erwähnten »Heiligenschein« um die Gesundheitsaura. Nach indischer Rechnungsweise versteht man unter dem Begriff »Finger« nicht dessen Länge, sondern dessen Breite.

Sowohl die Äthermaterie als auch das *Prâna* beugen sich dem menschlichen Willen. Daher besteht die Möglichkeit, sich selbst bis zu einem beachtlichen Ausmaß von solchen feindlichen Einflüssen zu schützen, indem man die Vitalitätsausstrahlung am äußeren Rand der Gesundheitsaura willentlich überprüft und sie dort in eine Wand oder Schale formt. Die Krankheitskeime werden diese nicht durchdringen können und sie wird die Vitalität davor bewahren, abgesaugt zu werden.

Mit einer weiteren Anstrengung kann man eine Schale bilden, die auch für astrale oder mentale Einflüsse undurchdringlich wird.

Die Entwicklung des Milz-Zentrums befähigt den Menschen, sich an seine Astralreisen zu erinnern, obwohl das entsprechende astrale Zentrum manchmal mit der Fähigkeit verbunden sein kann, bewusst in seinem Astralkörper zu reisen. Solche verschwommenen Erinnerungen von glückseligen Flügen durch die Luft, die die meisten von uns haben, sind oft auf die rein zufällige Anregung des Milz-Chakras zurückzuführen.

Das mit der Milz korrespondierende astrale Zentrum belebt außerdem den gesamten Astralkörper.

KAPITEL 5

DAS WURZEL-CHAKRA

Das erste Zentrum oder Chakra befindet sich an der Wirbelsäulenbasis. Seine Primärkraft, die in vier Speichen ausstrahlt, scheint das Zentrum in vier Quadranten einzuteilen, die durch Vertiefungen voneinander getrennt sind und es dadurch wie ein Kreuz erscheinen lassen, ein Symbol, das oft für dieses Zentrum verwendet wird.

Wenn dieses Chakra vollkommen arbeitet, leuchtet es in einem feurigen Orangerot, das dem Strom dunkelroter und orangefarbener Vitalität, der aus dem Milz-Chakra zu ihm gelangt, entspricht. Die Farbe des Vitalitätsstroms, der aus der Milz in das Chakra fließt, bestimmt immer dessen Farbe.

Zusätzlich zu den orange und dunkelroten Farbtönen gelangt auch noch ein wenig dunkles Violett in dieses Zentrum, so als ob sich das Spektrum im Kreise herum böge und die Farbenreihe von neuem auf einer niederen Oktave begänne.

Aus diesem Zentrum fließt der orange-rote Strahl zu den Geschlechtsorganen und belebt die Sexualität. Er scheint auch ins Blut einzutreten und die Körpertemperatur aufrecht zu erhalten.

Eine interessante Beobachtung kann bei einem Menschen gemacht werden, der sich seiner niederen Natur beharrlich widersetzt. Nach langem und entschlossenem Bemühen kann der orange-rote Strahl zum Gehirn hinaufgeleitet werden, wo sich alle drei Bestandteile einer tiefgreifenden Veränderung unterziehen. Das Orange wird zu reinem Gelb verfeinert und verstärkt die intellektuellen Kräfte. Das Dunkelrot wird purpurrot und steigert die Kraft selbstloser Zuneigung. Das Dunkelviolett wird in ein wunderschönes Blassviolett verwandelt und beschleunigt den geistigen Aspekt der menschlichen Natur.

Die Kundalini oder Schlangenkraft hat ihren Sitz im Wurzel-Chakra, worauf später näher eingegangen werden wird. Einen Menschen, dem dieser Wandel gelungen ist, wird das sinnliche Verlangen nicht länger belästigen. Wenn sich dann einmal für ihn die Notwendigkeit ergeben wird, das Schlangenfeuer zu erwecken, wird er von den ernstesten aller Gefahren, die dieser Vorgang mit sich bringt, befreit sein. Sobald diese Umwandlung abgeschlossen ist, schießt der orangerote Strahl direkt in das Zentrum an der Wirbelsäulenbasis und läuft von dort aus durch den Rückenmarkskanal zum Gehirn empor. Man verwendet oft ein flammendes Kreuz, um das Schlangenfeuer anzudeuten, das in diesem Zentrum seinen Sitz hat.

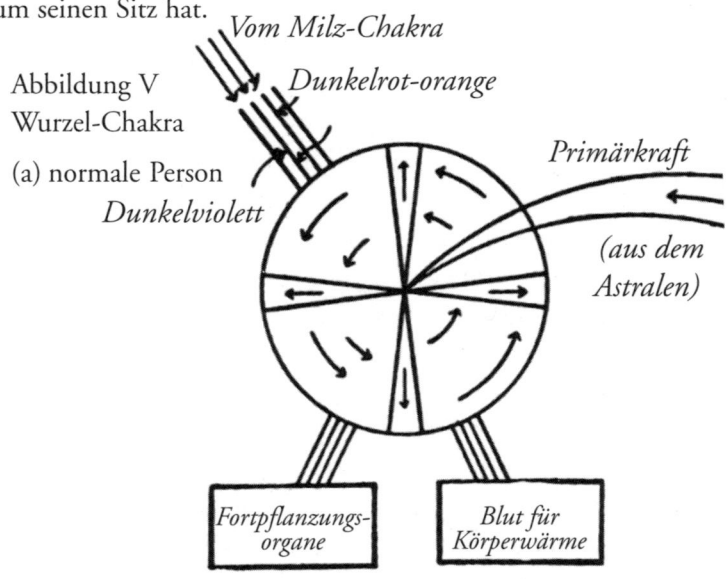

Abbildung V
Wurzel-Chakra
(a) normale Person

Aufgabe des Astral-Zentrums: Sitz der Kundalini.
Aufgabe des Äther-Zentrums: Sitz der Kundalini.
Erscheinung: Feurig orange-rot. Zahl der »Speichen« vier.
Die Kundalini besitzt sieben Stufen oder Ebenen der Kraft.

Abbildung V
Wurzel-Chakra
(b) Entwickelte Person

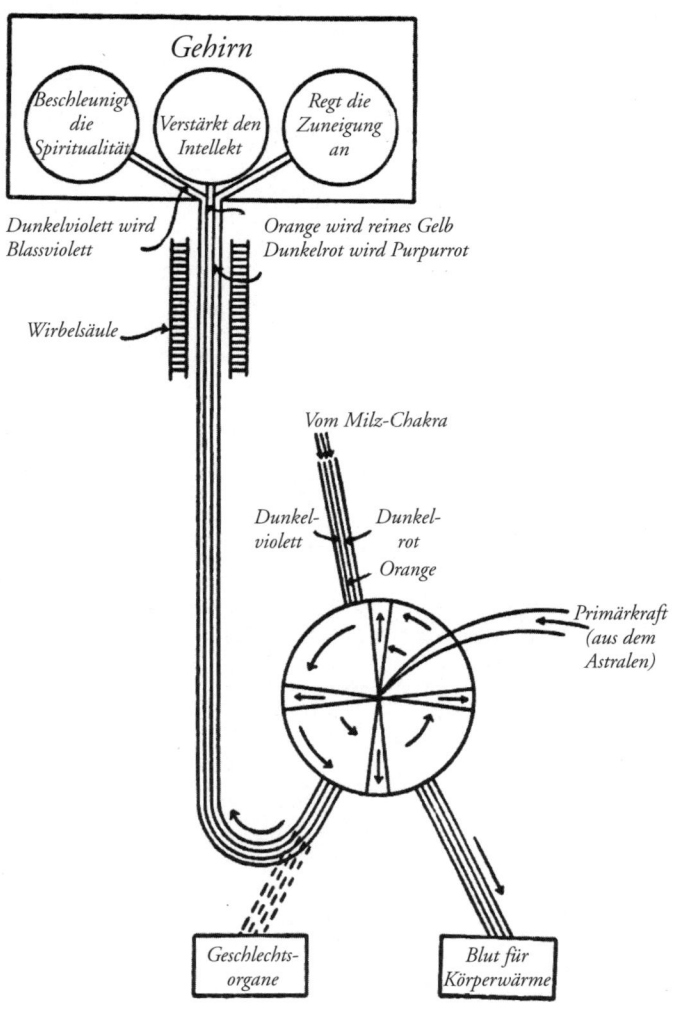

KAPITEL 6

DAS NABEL-CHAKRA

Das Nabel-Chakra oder Sonnengeflecht empfängt eine Primärkraft mit zehn Ausstrahlungen und teilt sich daher in zehn Schwingungsfelder oder Blütenblätter.

Seine vorherrschende Farbe ist eine seltsame Verschmelzung verschiedener Schattierungen von rot, doch weist es außerdem auch eine starke Grünfärbung auf. Den grünen Strahl empfängt es vom Milz-Zentrum; dieser durchflutet auch den Bauchraum und belebt Leber, Nieren, Eingeweide und den übrigen Verdauungstrakt, konzentriert sich aber vor allem im Sonnengeflecht.

Dieses Zentrum steht in engem Zusammenhang mit Gefühlen und Emotionen aller Art. Wenn das entsprechende Astral-Zentrum erwacht ist, verleiht es die Kraft des Fühlens, ein Empfinden für alle möglichen Einflüsse, jedoch noch ohne die damit einhergehenden Fähigkeiten des Sehens und Hörens. Sobald das ätherische Zentrum aktiv wird, beginnt sich der physische Körper astraler Einflüsse bewusst zu werden, indem er verschwommen Freundlichkeit oder Feindseligkeit wahrnimmt sowie einige Orte als angenehm, andere hingegen als unangenehm empfindet, doch ohne überhaupt einen Grund dafür zu wissen.

Der Sanskritname für dieses Zentrum lautet Manipûra.

Abbildung VI
Nabel-Chakra

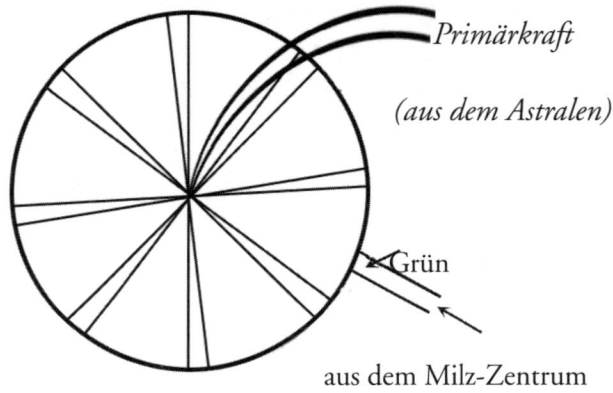

*Aufgabe des Astral-Zentrums: Gefühl – allgemeine Empfindsamkeit.
Aufgabe des Äther-Zentrums: Gefühl für astrale Einflüsse.
Erscheinung: Verschiedene Rotschattierungen mit viel Grün. Die Zahl der »Speichen«
beträgt zehn.*

KAPITEL 7

DAS HERZ-CHAKRA

Da wir uns bereits mit dem dritten, dem Milz-Zentrum, befasst haben, gehen wir zum vierten, dem Herz-Zentrum, über.

Dieses Chakra besitzt zwölf Speichen oder Ausstrahlungen und erglüht goldfarben. Aus dem Milz-Zentrum empfängt es den gelben Strahl. Strömt dieser kraftvoll hinein, stärkt und reguliert er die Herztätigkeit. Der gelbe Strahl, der das Herz-Chakra umfließt, dringt in das Blut und zirkuliert auf diese Weise durch den ganzen Körper. Er strömt auch zum Gehirn und durchdringt es, obwohl er in erster Linie auf die zwölfblättrige Blume in der Mitte des siebten oder höchsten Zentrums zustrebt. Dem Gehirn übermittelt er die Kraft höherer philosophischer und metaphysischer Gedanken.

Wenn das entsprechende Astral-Zentrum geweckt wurde, befähigt es den Menschen, die Gefühle anderer Astralwesen zu erfassen, mit ihnen zu sympathisieren und sie so instinktiv zu verstehen.

Das Äther-Zentrum macht dem physischen Bewusstsein daher die Freuden und Leiden anderer bewusst und veranlasst es manchmal sogar dazu, ihre Schmerzen und Qualen physisch mitzuempfinden.

Der Sanskritname für dieses Chakra lautet Anâhata.

Abbildung VII
Herz-Zentrum

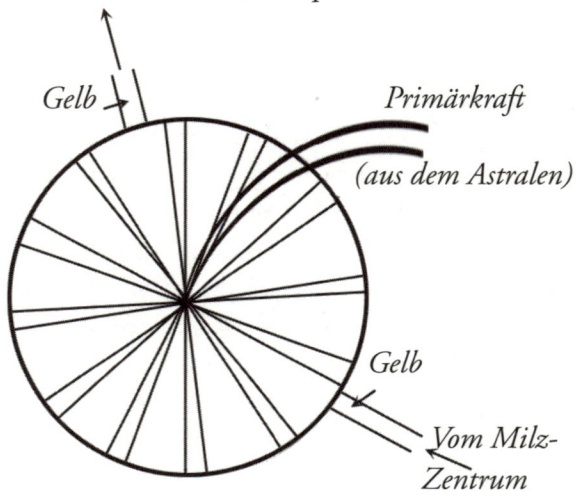

Der gelbe Strahl durchdringt das Blut und wird durch den ganzen Körper getragen.
Aufgabe des Astral-Zentrums: Erfassen astraler Schwingungen.
Aufgabe des Äther-Zentrum: Bewusstwerden der Gefühle anderer.
Erscheinung: Erstrahlt golden. Die Anzahl der »Speichen« beträgt zwölf.

KAPITEL 8

DAS HALS-CHAKRA

Das fünfte Chakra besitzt sechzehn Speichen und somit sechzehn Blütenblätter oder Abteilungen. Es ist viel Blau in ihm enthalten, doch im Allgemeinen schimmert es silbrig, was an Mondlicht auf sich kräuselndem Wasser erinnert.

Den violettblauen Strahl empfängt es vom Milz-Chakra. Dieser Strahl scheint sich dann zu teilen; das lichte Blau strömt durch das Hals-Zentrum und belebt es, während das Dunkelblau und Violett zum Gehirn fließen.

Der lichtblaue Strahl, der eine ungewöhnliche Lebendigkeit und Strahlkraft besitzt, verleiht dem Halsbereich Gesundheit und damit den Stimmbändern eines Redners oder Sängers Kraft und Elastizität.

Der dunkelblaue Strahl erschöpft sich im unteren und mittleren Teil des Gehirns, während der violette den oberen Teil durchflutet und anscheinend dem Scheitel-Zentrum besondere Kraft verleiht, indem es sich hauptsächlich durch die neunhundertsechzig Blütenblätter verteilt, die den äußeren Teil dieses Zentrums bilden.

Der übliche Gedanke wird durch den blauen Strahl angeregt, der sich mit einem Teil des gelben mischt (aus dem Herz-Zentrum).

In einigen Fällen von Schwachsinn ist der Strom des gelben und blauvioletten Strahls zum Gehirn fast völlig unterbunden.

Gedanken und Emotionen spiritueller Natur scheinen weitgehend von dem blauvioletten Strahl abhängig zu sein.

Die Entfaltung des entsprechenden Astral-Zentrums befähigt den Menschen, in der Astralwelt zu hören, also das Wahrnehmungsvermögen zu entfalten, das in der Astralwelt jene Wirkung im Bewusstsein auslöst, die wir in der physischen Welt als Hören bezeichnen.

Die Erweckung des Äther-Zentrums lässt den Menschen in seinem physischen Bewusstsein Stimmen vernehmen. Vielleicht hört er auch Musik oder weniger angenehme Klänge. Wenn es vollkommen entfaltet ist, verleiht das Zentrum dem Menschen Hellhörigkeit auf der Astral- und Ätherebene.

Abbildung VIII
Kehlkopf-Zentrum

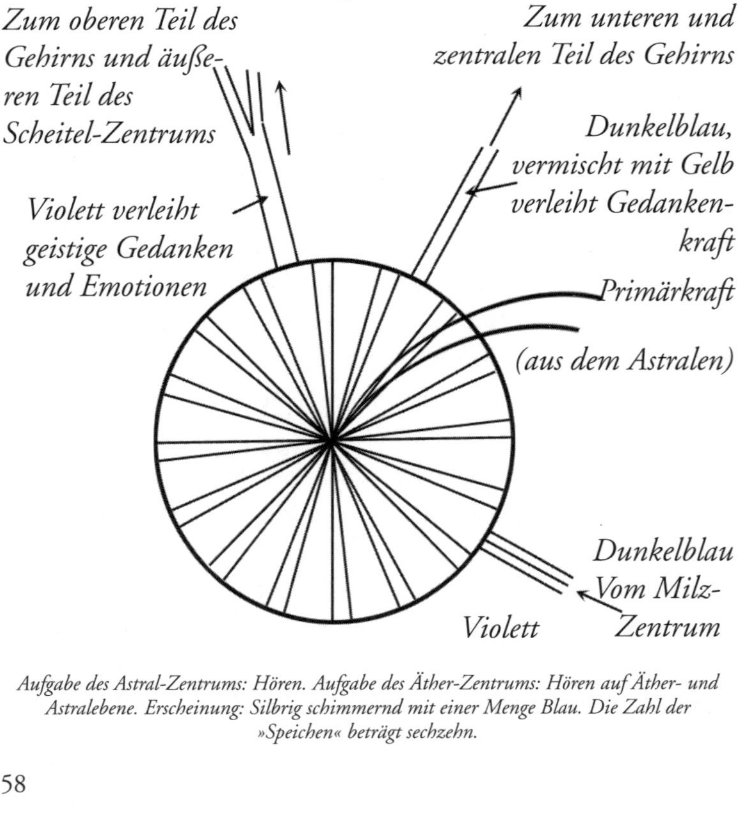

Zum oberen Teil des Gehirns und äußeren Teil des Scheitel-Zentrums

Zum unteren und zentralen Teil des Gehirns

Violett verleiht geistige Gedanken und Emotionen

Dunkelblau, vermischt mit Gelb verleiht Gedankenkraft

Primärkraft

(aus dem Astralen)

Dunkelblau Vom Milz-Zentrum

Violett

Aufgabe des Astral-Zentrums: Hören. Aufgabe des Äther-Zentrums: Hören auf Äther- und Astralebene. Erscheinung: Silbrig schimmernd mit einer Menge Blau. Die Zahl der »Speichen« beträgt sechzehn.

KAPITEL 9

DAS STIRN-CHAKRA

Das sechste Zentrum, das zwischen den Augenbrauen liegt, besitzt sechsundneunzig Speichen. In der indischen Literatur jedoch spricht man von nur zwei Blütenblättern, wahrscheinlich weil es in zwei Hälften geteilt zu sein scheint, von denen die eine rosarot mit einem großen Anteil gelb gefärbt ist und die andere von einer Art Purpurblau beherrscht wird.

In »Das Innere Leben« beschreibt Leadbeater, dass diese beiden Farben genau mit denen der besonderen Arten der Vitalität übereinstimmen, die es beleben. Dies scheint auf den dunkelblauen (und violetten?) Strahl hinzuweisen, der durch das Hals-Zentrum fließt und weiter zum Gehirn strömt.

Die Entfaltung des entsprechenden Astral-Zentrums verleiht die Fähigkeit, das Wesen und die Form astraler Gebilde genau wahrzunehmen, anstatt ihre Anwesenheit nur unbestimmt zu spüren.

Mit dem Erwachen des Äther-Zentrums beginnt jemand, bewusst Gegenstände, Orte und Menschen zu sehen. Am Anfang werden Landschaften und Farbwolken nur teilweise wahrgenommen, bei voller Entfaltung stellt sich Hellsichtigkeit ein.

Eine Vergrößerung oder Verkleinerung des Bildes steht in Zusammenhang mit diesem Zentrum und wird in dem Kapitel über das ätherische Schauen besprochen werden.

Im Sanskrit heißt dieses Zentrum Ajnā.

Abbildung IX
Das Stirn-Chakra

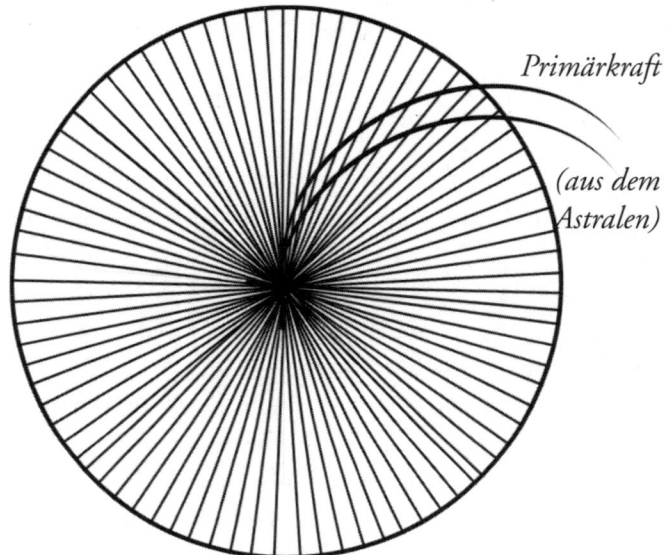

Aufgabe des Astral-Zentrums: Sehen
Aufgabe des Äther-Zentrums: Hellsichtigkeit; Verklärung.
Erscheinung: eine Hälfte vorwiegend rosarot mit viel Gelb; die andere Hälfte vorwiegend Purpurblau. Die Anzahl der »Speichen« beträgt sechsundneunzig.

KAPITEL 10

DAS SCHEITEL-CHAKRA

Das siebte Zentrum, das auf der Kopfmitte liegt, weicht in seinem Aufbau ein wenig von den anderen Zentren ab. In den indischen Schriften bezeichnet man es als den tausendblättrigen Lotos, obwohl es nur neunhundertsechzig Ausstrahlungen der Primärkraft aufweist. Hinzu kommt eine Art zentraler Nebenwirbel mit zwölf eigenen Schwingungsfeldern und einer untergeordneten Tätigkeit.

Wenn dieses Chakra vollkommen entfaltet ist, übertrifft es an Glanz alle anderen und erstrahlt in unbeschreiblicher Farbenwirkung, wobei es mit nahezu unfassbarer Geschwindigkeit vibriert. Der innere Teil mit dem golddurchsetzten Licht in seinem Herzen schimmert weiß.

Das Zentrum empfängt in seinem äußeren Teil den violetten Strahl, der durch das Hals-Zentrum fließt, und in seinem inneren Abschnitt den gelben Strahl aus dem Herz-Zentrum.

Das Erwachen des entsprechenden Astral-Zentrums rundet das Astralleben ab und vervollständigt es, indem es dem Menschen vervollkommnete Fähigkeiten verleiht.

Bei vielen Menschen vereinigen sich die dem sechsten und siebten Äther-Chakra entsprechenden Astral-Chakras zur Hypophyse. Letztere stellt praktisch die einzige unmittelbare Verbindung zwischen der physischen und den höheren Ebenen dar.

Im anderen Falle jedoch bleibt das sechste Chakra der Hypophyse verbunden, während sich das siebte so weit neigt, dass es mit dem verkümmerten Organ, der so genannten Zirbeldrüse, zusammenfällt, was zur unmittelbaren Verbindung zu den niederen Mentalebenen führt, ohne anscheinend den üblichen Weg durch die dazwischenliegende Astralebene zu nehmen. Dies erklärt, warum manchmal die Entwicklung der Zirbeldrüse hervorgehoben wird.

Das Erwachen des Äther-Zentrums befähigt den Menschen, bewusst seinen physischen Körper durch dieses Zentrum zu verlassen und ohne die übliche Unterbrechung auch wieder in ihn zurückzukehren, so dass sein Bewusstsein Tag und Nacht erhalten bleibt.

Der wahre Grund für die Tonsur, die in der römischen Kirche üblich war, lag darin, ungehindert das Brahmarandhra-Chakra zu verlassen, damit der übersinnlichen Kraft, die der Kandidat während der Meditation erwecken sollte, auch nicht das Geringste im Wege stand.

Abbildung X
Scheitel-Chakra

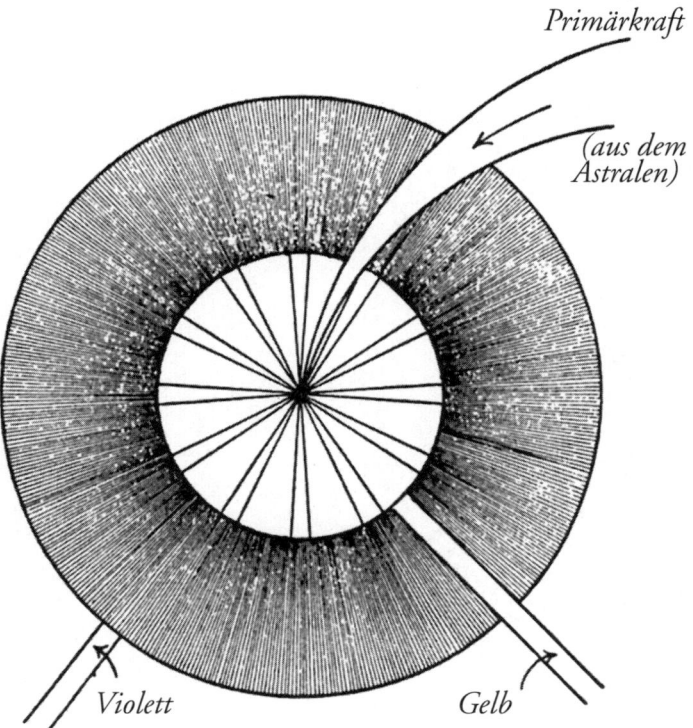

Primärkraft (aus dem Astralen)

Violett aus dem Hals-Zentrum

Gelb aus dem Herz-Zentrum verleiht die Kraft höher philosophischen und metaphysischen Denkens.

Erscheinung:
Zentraler Teil: Weiß schimmernd mit golddurchsetztem Licht in seinem Herzen.
Äußerer Teil: Übertrifft alle anderen an Glanz und erstrahlt
in unbeschreiblichen Farbwirkungen.
Anzahl der »Speichen«: Zentraler Teil zwölf; äußerer Teil neunhundertsechzig.
Aufgabe des Astral-Zentrums: Vollendung und Vervollständigung der Fähigkeiten.
Aufgabe des Äther-Zentrums: Es verleiht ununterbrochenes Bewusstsein.

KAPITEL 11

ABSONDERUNGEN

Ebenso wie der physische Körper seine Abfallstoffe durch die fünf Ausscheidungsorgane – Haut, Lunge, Leber, Darm und Nieren – absondert, verbraucht der Ätherkörper die Stoffe, mit denen er über die physische Nahrung und durch die Aufnahme der Vitalitätskügelchen versorgt wird und stößt die überflüssigen Teilchen in verschiedener Weise aus. Die bläulich-weißen Teilchen, denen das *Prâna* entzogen wurde, die aber immer noch mit dem rosafarbenen *Prâna* aufgeladen sind und die der Körper nicht braucht sowie die Atome des blauen Strahls, den das Hals-Zentrum verwendete, werden mit dem Atem und durch die Poren der Haut ausgeschieden.

Die entladenen Atome des grünen Strahls aus dem Verdauungstrakt – und beim Durchschnittsmenschen auch die des orangeroten Strahls – werden über die niederen Ausscheidungsorgane ausgestoßen.

Die Atome aus den dunkelblauen und violetten Strahlen treten aus dem Scheitel-Zentrum hinaus.

Bei einem fortgeschrittenen Menschen jedoch, dem es gelungen ist, den orangeroten Strahl nach oben umzuleiten, strömen die Teilchen von diesem Strahl in einer feurigen Kaskade aus dem Scheitel, die auf alten Statuen Buddhas oder anderer Heiliger oft als Flamme dargestellt wird.

Die der Vitalität entledigten Atome gleichen wieder vollkommen irgendwelchen anderen Atomen. Einige von ihnen werden vom Körper aufgenommen und sie gehen eine der verschiedenen

Verbindungen ein, die beständig im Körper erzeugt werden, während andere, die für solche Zwecke nicht benötigt werden, den Körper auf irgendeinem geeigneten Weg verlassen.

Die Substanz des ätherischen Doppels wird ebenfalls unablässig durch die Poren der Haut aus dem Körper ausgestoßen, vergleichbar mit einem gasförmigen Stoff. Aus diesem Grunde können Menschen, die einander nahe sind, leicht gegenseitig die ätherischen Ausstrahlungen des anderen aufnehmen.

Am stärksten strömt die Äthersubstanz an den Finger- und Zehenspitzen aus, was äußerste Reinlichkeit dieser Körperteile erfordert. Jemand mit schmutzigen Fingernägeln strömt ununterbrochen ungesunde Einflüsse in die Ätherwelt.

Die körperlichen Ausdünstungen, die größtenteils aus fein unterschiedenen Salzen bestehen, erscheinen dem hellsichtigen Auge als eine Unmenge winziger Formen, etwa wie Scheiben, Sterne und Doppelpyramiden. Die Eigenschaft dieser winzigen Teilchen mag von nicht vorhandener Gesundheit, einer Gefühlswelle oder sogar einem bestimmten Gedankengang gekennzeichnet sein. In diesem Zusammenhang soll Prof. Gates geäußert haben: (a) Die stofflichen Ausströmungen des lebendigen Körpers unterscheiden sich sowohl aufgrund der geistigen Verfassung als auch aufgrund der physischen Gesundheit; (b) diese Ausscheidungen können durch die chemischen Reaktionen einiger Selensalze überprüft werden; (c) diese Reaktionen kennzeichnen verschiedene Tönungen oder Farben, die dem Wesen der mentalen Eindrücke entsprechen; (d) vierzig verschiedene Emotionsprodukte, wie er sie nennt, sind bereits festgestellt worden.

Abbildung XI
Absonderungen

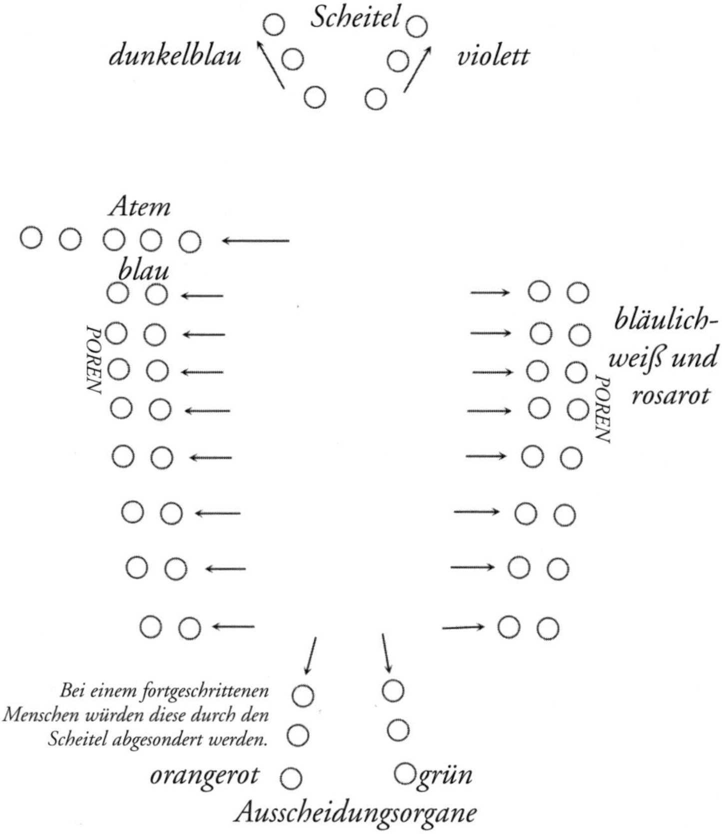

dunkelblau **Scheitel** *violett*

Atem
blau

POREN ← ← ← ← → → → → **POREN**

*bläulich-
weiß und
rosarot*

Bei einem fortgeschrittenen
Menschen würden diese durch den
Scheitel abgesondert werden.

orangerot   *grün*
Ausscheidungsorgane

*Einige der von der Vitalität entladenen Teilchen werden zum Aufbau
oder als Nahrung des Ätherkörpers verbraucht.*

KAPITEL 12

KUNDALINI

Die Kundalini oder das Schlangenfeuer gehört zu den Kräften, die aus der Sonne kommen. Sie unterscheidet sich deutlich von den beiden Kräften *Fohat* und *Prâna*. Wie es scheint, lässt sie sich nicht in irgendeine Form dieser anderen Ströme umwandeln.

Man hat die Kundalini auch als Schlangenfeuer, Feuerkraft oder Weltmutter bezeichnet. Für den hellsehenden Menschen stellt sie sich als Feuer dar, das durch den Körper schießt und sich spiralenförmig wie eine Schlange bewegt. Die Bezeichnung Weltmutter trifft zu, da diese Kraft unsere verschiedenen Körper zu beleben vermag.

Ein uraltes Symbol der Wirbelsäule und der Kundalini ist der Thyrsus, ein von einem Pinienzapfen gekrönter Stab. In Indien findet man ein ähnliches Symbol, doch anstelle des Stabes steht ein Bambusstock mit sieben Knoten, die natürlich die sieben Chakras oder Energiezentren darstellen sollen. In einer gewissen Abwandlung dieses Geheimnisses verwendete man einen hohlen Eisenstab, der angeblich Feuer enthalten sollte, anstatt des Thyrsus. Es heißt, der Stab des heutigen Friseurs, der mit seinen spiralenförmigen Bändern und dem Knauf sicherlich ein uraltes Symbol darstellt, habe eine ähnliche Bedeutung, da der heutige Barbier von den alten Chirurgen abstammt, die die Alchemie praktizierten, bei der es sich ursprünglich eher um eine geistige als um eine materielle Wissenschaft handelte.

Die Kundalini existiert auf allen uns bekannten Ebenen und zeigt sich in sieben Abstufungen.

Ursprünglich war der Astralkörper eine fast träge Masse mit verschwommenem Bewusstsein, ohne eine bestimmte Kraft, um irgend etwas zu tun und ohne eine klare Vorstellung der Welt, die ihn umgibt. Als Erstes wurde das Schlangenfeuer auf der Astralebene in dem der Wirbelsäulenbasis entsprechenden Zentrum erweckt. Dann bewegte es sich zum zweiten Zentrum in der Nähe des Nabels, belebte es und erweckte dadurch im Astralkörper die Fähigkeit, Gefühle zu empfinden, ein Empfinden ohne klares Verständnis.

Dann gelangte die Kundalini zum dritten (Milz), vierten (Herz), fünften (Kehlkopf) sechsten (zwischen den Augenbrauen) und siebten (Scheitel) Zentrum und erweckte in jedem die jeweiligen Kräfte, wie sie bereits beschrieben wurden.

Der Schüler sollte klar erkennen, auf welche Weise wir uns der astralen Geschehnisse bewusst werden. Obwohl es in unserem physischen Körper spezielle, in einer bestimmten Lage angesiedelte Organe zum Hören, Sehen und so fort gibt, erkennen wir im Astralkörper eine völlig andere Anordnung bestimmter Organe, die nicht unbedingt dieselbe Wahrnehmung vermitteln.

Die Substanz des Astralkörpers befindet sich in fortwährender Bewegung. Vergleichbar mit siedendem Wasser, fließen und wirbeln die Teilchen umher und durchlaufen der Reihe nach alle Kraftzentren. Jedes einzelne Zentrum kann dadurch in allen Teilchen des Astralkörpers die Empfindlichkeit für eine bestimmte Reihe von Schwingungen erwecken, die in der physischen Welt den Schwingungen des Lichts, des Klangs oder der Wärme entsprechen. Wenn also die Astralzentren belebt und tätig sind, übertragen sie diese verschiedenen Kräfte auf die gesamte Substanz des Astralkörpers, was diesen befähigt, in allen seinen Teilen gleicherweise tätig zu sein. Dann vermag der Mensch die Gegenstände, die sich vor, hinter, über oder unter ihm befinden, gleichermaßen zu sehen. Die Chakras oder Zentren kann man daher nicht als

Organe im üblichen Sinne bezeichnen, obwohl sie dem Astralkörper das Empfinden übermitteln.

Doch selbst wenn die astralen Sinne völlig erwacht sind, bedeutet das keineswegs, dass der Mensch fähig sein wird, sich im physischen Körper ihrer Tätigkeit irgendwie bewusst zu werden. Es kann sein, dass er überhaupt nichts davon bemerkt. Die einzige Möglichkeit, die astralen Erlebnisse mit dem physischen Bewusstsein aufzunehmen, besteht darin, die entsprechenden ätherischen Zentren zu aktivieren.

Dieser Vorgang verläuft in ähnlicher Weise wie im Astralkörper, indem die Kundalini, die in der ätherischen Substanz an der Wirbelsäulenbasis schlummert, erweckt wird.

Das erfordert eine entschiedene und lange fortgesetzte Willensanstrengung, da die Aktivierung des ersten Chakras eine Erweckung der Kundalini bedeutet. Ist dies geschehen, werden auch die Übrigen durch die gewaltige Kraft belebt. Daraus folgt, dass die Kräfte, die durch die Entfaltung der jedem Einzelnen entsprechenden astralen Zentren erweckt wurden, in das physische Bewusstsein geleitet werden.

Um dies zu erreichen, muss das Schlangenfeuer in einer ganz bestimmten Reihenfolge, die je nach Menschentyp unterschiedlich ist, durch alle Zentren hindurchgehen. Diejenigen, die diese Erfahrung selbst gemacht haben, geben nur äußerst vorsichtige Hinweise. Das liegt daran, dass eine spontane oder vorzeitige Erweckung der Kundalini ernsthafte Gefahren birgt. Man sollte erst damit beginnen, wenn die Zeit reif ist und sich von einem geschulten Meister oder Lehrer leiten lassen.

Bevor die Kundalini erweckt wird, muss eine bestimmte Stufe charakterlicher Entwicklung erreicht und der Wille stark genug sein, um diese Kraft zu beherrschen. Einige der Gefahren sind rein physischer Natur. Die unbeherrschte Bewegung des Schlangenfeuers verursacht oft heftige Schmerzen, kann leicht Gewebe zerreißen und sogar das physische Leben zerstören. Sie mag auch den höheren Körpern dauerhaften Schaden zufügen.

Es kommt häufig vor, dass die Kundalini, wenn sie vorzeitig erweckt wird, nach unten in die niederen Körperzentren, anstatt nach oben drängt, was sich dahingehend auswirkt, dass sich höchst unerwünschte Leidenschaften regen, die so stark werden, dass der Mensch sich ihrer nicht zu erwehren vermag. In den Fängen einer solchen Kraft ist er hilflos wie ein Schwimmer in den Kinnbacken eines Haifischs. Solche Menschen werden zu Satyrn, Ungeheuern der Verderbtheit, die einer Kraft ausgeliefert sind, die jedes Maß menschlicher Widerstandskraft übersteigt. Möglicherweise erlangen sie übersinnliche Kräfte, die sie aber nur mit einem niederen Bereich der Evolution in Berührung bringen, mit der die Menschheit ihrer Bestimmung nach keinen Umgang pflegen soll. Sich aus dieser Sklaverei zu befreien, mag erst nach mehr als einer Inkarnation gelingen. Es gibt eine Schule der schwarzen Magie, die sich dieser Kraft für derartige Zwecke mit Absicht bedient. Diese niederen Kraftzentren jedoch werden von denen, die dem Gesetz des Guten oder der weißen Magie folgen, immer streng gemieden. Die vorzeitige Entfaltung der Kundalini verstärkt alles in der Natur des Menschen und erfasst die niederen und schlechten Eigenschaften leichter als die guten. So mag sie im Mentalkörper sehr rasch den Ehrgeiz wecken und ihn grenzenlos wachsen lassen. Sie kann die Kräfte des Intellekts steigern, gleichzeitig aber auch abnormalen satanischen Stolz hervorrufen. Die Kundalini ist keine gewöhnliche Kraft; sie bricht jeden Widerstand. Sollte sie aber in einem Menschen, der sich nicht mit ihr auskennt, erwachen, wäre es ratsam, dass dieser unverzüglich eine Person um Rat fragt, die diese Dinge von Grund auf versteht. In der *Hatha-Yoga-Pradîpikâ* heißt es: »Sie schafft Befreiung dem Yogi und Knechtschaft dem Toren.«

Es kann geschehen, dass die Kundalini spontan erwacht, was als dumpfes Glühen verspürt wird. In seltenen Fällen kann sie sich sogar in Bewegung setzen. Dies könnte zu starken Schmerzen führen, doch da die Durchgangswege noch nicht dafür bereit sind, muss eine große Menge ätherischer Unreinheiten verbrennen, ein Vorgang, der zwangsläufig Schmerzen verursacht. Die Kraft flutet dann gewöhnlich im Innern des Rückgrats empor, anstatt ihren spiralenförmigen Verlauf zu nehmen. In diesem Augenblick sollte dieser Aufwärtsbewegung willentlich Einhalt geboten werden. Da dies wahrscheinlich fehlschlägt, wird die Kraft wohl durch den Kopf in die umgebende Atmosphäre austreten. Außer einer leichten Schwäche, wird kaum ein Schaden dadurch entstehen. Es kann sich auch eine vorübergehende Ohnmacht einstellen. Die wirklich ernsthaften Gefahren entstehen allerdings nicht durch das Aufwärtsdrängen, sondern wenn sich Kraft nach unten wendet.

Die wichtigste Aufgabe der Kundalini in der geistigen Entwicklung besteht darin, die Kraftzentren des Ätherkörpers zu durchfluten und zu beleben, um dem physischen Bewusstsein die astralen Erfahrungen zu übermitteln. Die *Stimme der Stille* lehrt, dass das Schlangenfeuer, sobald es das Zentrum zwischen den Augenbrauen belebt hat, die Fähigkeit verleiht, die Stimme des Meisters zu hören, das heißt, die Stimme des Egos oder des höheren Selbst. Die Erklärung liegt darin begründet, dass die aktive Hypophyse ein vollkommenes Verbindungsglied zwischen dem astralen und physischen Bewusstsein bildet.

Diese Brücke zwischen dem physischen Bewusstsein und dem Ego besitzt ihre Entsprechungen auf den höheren Ebenen, das bedeutet, eine Verbindung von dem Ego zur Monade und von der Monade zum Bewusstsein des Logos.

Das Alter scheint sich auf die Entfaltung der Chakras durch die Kundalini nicht auszuwirken, doch die Gesundheit spielt eine wesentliche Rolle, da nur ein starker Körper die Belastung auszuhalten vermag.

KAPITEL 13

DAS ATOMARE GEWEBE

Abbildung XII
Der atomare Schild

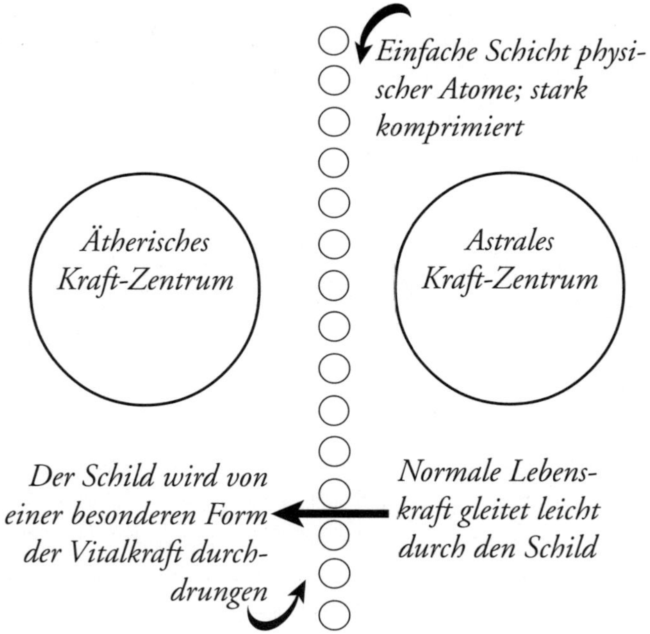

Einfache Schicht physischer Atome; stark komprimiert

Ätherisches Kraft-Zentrum

Astrales Kraft-Zentrum

Der Schild wird von einer besonderen Form der Vitalkraft durchdrungen

Normale Lebenskraft gleitet leicht durch den Schild

Aufgabe des Schilds: Abwehr des vorzeitigen Eindringens astraler Einflüsse in das physische Bewusstsein
Möglichkeiten, den Schild zu beschädigen:
(1) Emotionale Erregung, wie Furcht oder Ärger
(2) Alkohol
(3) Betäubungsmittel, wie Tabak
(4) Mediale Sitzungen

Wie bereits erwähnt, besteht eine sehr enge Beziehung zwischen den Chakras des Astralkörpers und denjenigen des ätherischen Doppels. Zwischen diesen beiden Chakra-Gruppen liegt ein Gewebe oder eine Hülle, das sich mit ihnen in einer schwierig zu beschreibenden Weise durchdringt und das aus einer einzigen Schicht physischer Atome besteht. Es ist engmaschig, sehr zusammengepresst und durchdrungen von einer besonderen Art des *Prâna*. Das *Prâna*, das gewöhnlich aus dem astralen in den physischen Körper strömt, vermag aufgrund seiner Beschaffenheit ohne weiteres durch diesen atomaren Schild zu treten, der jedoch für alle anderen Kräfte, die sich nicht der atomaren Substanz beider Ebenen bedienen können, eine undurchdringliche Schranke bildet.

Das Gewebe bietet somit einen natürlichen Schutz, um eine vorzeitige Verbindungsaufnahme zwischen der astralen und der physischen Ebene zu verhindern. Dank dieser weisen Vorkehrung wird somit verhindert, dass die unterschiedlichsten Astralerlebnisse in das physische Bewusstsein fließen, wo sie in den meisten Fällen nur Schaden anrichteten.

Ein Astralwesen könnte jederzeit Kräfte hereinbringen, auf die der Durchschnittsmensch kaum vorbereitet ist und die seine Kraft, sich mit ihnen auseinander zu setzen, übersteigen. Er wäre so der Besessenheit durch jedes Wesen der Astralwelt ausgesetzt, das den Wunsch verspürt, Besitz von ihm zu ergreifen.

Der atomare Schild bietet einen wirkungsvollen Schutz gegen derartig unerwünschte Geschehnisse. Dieses Gewebe vereitelt unter normalen Umständen auch die klare Erinnerung an die Erlebnisse während des Schlafes und ist die Ursache für die momentane Bewusstlosigkeit, die sich beim Tode einstellt. Gelegentlich gelingt es dem zurückkehrenden Astralkörper, in dem ätherischen Doppel und dem physischen Körper einen kurzen Eindruck zu hinterlassen, so dass letzterer beim Erwachen den Anflug einer lebendigen Erinnerung wahrnimmt. Diese verschwindet gewöhnlich bald wieder, und das Bemühen, das Erlebnis wieder ins Gedächtnis zu rufen, scheitert, da jeder Versuch Schwingungen im Gehirn hervorruft, die dazu neigen, die feineren Astralschwingungen zu überwältigen.

Jede Beschädigung dieses Gewebes ist daher ein großes Unheil. Eine solche Verletzung kann auf die verschiedenste Weise erfolgen. Eine starke emotionale Erschütterung oder ein negativer Gefühlsausbruch rufen eine Art Explosion im Astralkörper hervor, die dieses zarte Gewebe zerreißt und den Menschen, wie man sagt, 'verrückt' macht. Eine schreckliche Angst oder ein gewaltiger Zornesausbruch kann die gleiche Wirkung hervorrufen.

Mediale Sitzungen können ebenfalls das Gewebe beschädigen und die Tore aufstoßen, die die Natur verschlossen hält.

Gewisse Drogen, insbesondere Alkohol und alle Narkotika, zu denen der Tabak gehört, enthalten Stoffe, die sich beim Zerfall verflüchtigen und teilweise von der physischen in die Astralebene gelangen. Selbst Tee und Kaffee enthalten solche Stoffe, obwohl in so geringen Mengen, dass sich erst ein anhaltender Missbrauch auswirken würde.

Bei diesem Vorgang brechen die verflüchtigten Stoffteilchen durch die Chakras in der entgegengesetzten Richtung durch, in der sie sich bewegen sollen. Wenn dies wiederholt geschieht, verletzen und zerstören sie schließlich das zarte Gewebe.

Je nach dem Typ der betreffenden Person und ihrer besonderen ätherischen und astralen Struktur kann diese Schädigung oder Zerstörung auf zweierlei Weise erfolgen. Erstens verbrennt der Durchbruch der verflüchtigten Teilchen tatsächlich das Gewebe, wodurch die natürliche Schranke niedergebrochen wird. Zweitens verhärten die flüchtigen Stoffteilchen die Atome, indem sie deren Schwingung hemmen und lähmen, so dass sie das besondere *Prâna*, das sie zu dem Gewebe verknüpft, nicht länger tragen können. Es tritt eine Art Verknöcherung des Gewebes ein, so dass es nicht, wie im ersten Fall, einen zu großen, sondern einen viel zu geringen Durchstrom von einer Ebene zur anderen erlaubt.

Diese beiden Typen sind leicht zu erkennen. Ersterer kann in ein »Delirium tremens«, in Besessenheit oder gewisse Formen des Wahnsinns verfallen. Weit häufiger ist der zweite Fall. Die guten Gefühle und Eigenschaften eines solchen Menschen sterben langsam ab, was Materialismus, Brutalität, Vertiertheit und den Verlust der Selbstbeherrschung zur Folge hat. Es ist bekannt, dass jemand, der sich einem übermäßigen Tabakgenuss hingibt, seiner Genusssucht nicht widerstehen kann, selbst wenn seine Mitmenschen darunter leiden. Das feinere Empfinden ist abgestumpft.

Da sich das Bewusstsein des Durchschnittsmenschen weder im Physischen noch im Astralen rein atomarer Substanz bedienen kann, besteht für ihn normalerweise keine Möglichkeit, eine bewusste Verbindung zwischen diesen beiden Bereichen herzustellen. Wenn er aber seine Körper läutert, wird es ihm möglich, in der atomaren Materie zu wirken und sein Bewusstsein geradewegs von einer atomaren Ebene zur anderen gleiten zu lassen. In diesem Falle bleibt dem Gewebe seine Bestimmung und Funktion in vollem Maße erhalten und erlaubt dem Bewusstsein, von einer Ebene zur nächsten zu schreiten, während es gleichzeitig eine enge Berührung mit den niederen Unterebenen verhindert, aus denen viele Arten unerwünschter Einflüsse leicht eindringen können.

Die natürliche Entwicklung ist der einzig sichere Weg für den ernsthaften Schüler. Er soll die Entfaltung der übersinnlichen Kräfte nicht erzwingen. Dann werden ihm alle Vorteile zuteil und Gefahren vermieden werden.

KAPITEL 14

GEBURT

Wir wollen nun das ätherische Doppel in Zusammenhang mit der Geburt und dem Tod des physischen Körpers betrachten.

Denjenigen, die sich mit den Vorgängen der Inkarnation beschäftigt haben, wird bekannt sein, dass im Falle des Ätherkörpers ein Faktor eine Rolle spielt, der beim Astral- oder Mentalkörper nicht in Betracht kommt. Das ätherische Doppel wird im Voraus für das kommende Ego von einem Elemental aufgebaut, das die verbindende Gedankenform der vier *Devarâjas* (Engelskönige) darstellt, von denen jeder einer der vier ätherischen Unterebenen der physischen Materie vorsteht. Die Hauptaufgabe dieses Elementals besteht darin, die Ätherform zu bilden, in die die physischen Teilchen des neuen Babykörpers eingebaut werden sollen.

Form und Farbe dieses Elementals verändern sich. Zuerst bringt es die Gestalt und Größe des Säuglings zum Ausdruck, dessen Körper es aufbauen soll. Hellsichtige Menschen sehen diese puppenähnliche kleine Figur herumschweben und nehmen sie später im Mutterleib wahr. Gelegentlich wurde sie fälschlicherweise für die Seele des zukünftigen Kindes anstatt für die Gussform des physischen Körpers gehalten.

Sobald der Fötus zum Umfang dieser Form herangewachsen und bereit ist, geboren zu werden, entfaltet sich, was die Arbeit des Elementals betrifft, die nächste Stufe der angestrebten Form, nämlich Größe, Gestalt und Zustand des zukünftigen Körpers, wenn dieser beabsichtigt auszutreten. Nachdem sich das Elemental zurückgezogen hat, steht jedes weitere Wachstum unter der Aufsicht des Egos selbst.

In beiden Fällen verwendet das Elemental sich selbst als Gussform. Seine Farben spiegeln größtenteils die Eigenschaften wider, die der Körper, den es aufbauen soll, erfordert, und seine Form ist gewöhnlich auch dazu bestimmt. Sobald es seine Arbeit vollendet hat, verliert sich die Kraft, die es zusammenhält, und es zerfällt.

Um die Eigenschaft der Äthersubstanz zu bestimmen, die für den Aufbau des Ätherkörpers verwendet werden soll, müssen wir zwei Dinge in Betracht ziehen: Erstens die Art der Substanz im Hinblick auf die sieben Strahlen oder die *vertikalen* Trennungslinien und zweitens die Beschaffenheit der Substanz vom Standpunkt ihrer Grobheit oder Feinheit oder *horizontalen* Trennungslinien aus gesehen. Der Strahl wird durch das physische Samenatom bestimmt, dem der Haupt- und Unterstrahl eingeprägt ist. Der zweite Aspekt wird durch das vergangene Karma des Menschen bestimmt. Das Elemental ist beauftragt, einen physischen Körper zu erbauen, der den Erfordernissen des Menschen gerecht wird. Es besteht aus dem Teil des *Prârabda-Karma* (im jetzigen Leben fälliges Karma) des Individuums, das im physischen Körper zum Ausdruck kommen soll. Es hängt von der Wahl des Elementals ab, ob der Körper von Natur aus schlau oder dumm, ruhig oder reizbar, energievoll oder lethargisch, einfühlsam oder unverantwortlich sein wird. Die Erbanlagen schlummern im mütterlichen Ei und im väterlichen Spermium, aus denen das Elemental den Erfordernissen des Falles entsprechend wählt.

Obwohl das Elemental von Anfang an die Verantwortung für den Körper trägt, tritt das Ego erst später, kurz vor der physischen Geburt, mit seiner zukünftigen Behausung in Berührung. Wenn das Elemental nur wenige Merkmale einzubringen hat, kann es sich frühzeitig zurückziehen und dem Ego die volle Kontrolle über den Körper überlassen. Ist jedoch viel Zeit erforderlich, um die notwendigen Beschränkungen zu entwickeln, mag das Elemental bis zum siebten Lebensjahr seine Stellung im Körper bewahren.

Die Äthersubstanz für den Körper des Säuglings wird vom Körper der Mutter genommen, weshalb diese sich nur absolut reine Stoffe zuführen sollte. Sofern das Elemental nicht mit irgendeiner besonderen Entwicklung bezüglich der Gesichtszüge, wie besondere Schönheit oder das Gegenteil, betraut ist, werden in erster Linie die Gedanken der Mutter und umhergleitende Gedankenformen in dieser Richtung wirken.

Der neue Astralkörper tritt zu einem sehr frühen Zeitpunkt mit dem ätherischen Doppel in Berührung und übt einen beachtlichen Einfluss auf seine Bildung aus, indem auch der Mentalkörper durch ihn auf den nervlichen Aufbau einwirkt.

KAPITEL 15

TOD

Wie wir bereits gesehen haben, kann das ätherische Doppel unter bestimmten Bedingungen vom grobstofflichen Körper getrennt werden, obwohl es immer durch einen Faden oder eine Kordel aus Äthersubstanz mit ihm verbunden bleibt. In der Sterbestunde zieht sich der Ätherkörper schließlich vom physischen Körper zurück und kann als violettfarbener Dunst wahrgenommen werden, der sich zu einer Form verdichtet, die das Gegenstück der sterbenden Person bildet und durch eine glitzernde Schnur an dem grobstofflichen Körper befestigt ist. Im Augenblick des Todes wird dieser Faden oder diese Magnetschnur durchtrennt.

Wenn sich das vom *Prâna* begleitete, geistige Lebens-Gewebe beim Tod aus der grobstofflichen, physischen Materie löst, zieht es sich im Herzen um das Samenatom zusammen. Das Atom, das Gewebe und das *Prâna* erheben sich dann durch den zweiten *Sushumna-nadî* (Wirbelsäulenkanal) in die dritte Gehirnkammer, weiter zum Verbindungspunkt der Nähte von Scheitel- und Hinterhauptbein und verlassen schließlich den Körper. Das Lebensgewebe umhüllt auch auf der Kausalebene das Samenatom, bis die Zeit für den erneuten Aufbau eines physischen Körpers naht.

Der Rückzug des ätherischen Doppels und mit ihm des *Prâna* zerstört die Einheit des Körpers vollkommen, so dass nur eine Ansammlung unabhängiger Zellen zurückbleibt. Das Leben der einzelnen Zellen selbst bleibt bestehen, wie die bekannte Tatsache beweist, dass manchmal die Haare auf einem Leichnam weiter wachsen.

Sobald sich das ätherische Doppel zurückzieht und folglich das *Prâna* nicht mehr fließt, beginnen die Zellen zu wuchern und brechen den bis dahin klar regulierten Körper nieder. Er ist niemals lebendiger als »im Tod«. In seinen Bestandteilen ist er lebendig und tot in seiner Gesamtheit. Lebendig als Masse, tot als Organismus. Mit den Worten von Eliphas Levi: »Der Leichnam würde nicht zerfallen, wenn er tot wäre; alle Moleküle, aus denen er zusammengesetzt ist, leben und bemühen sich um Trennung.«

Wenn das Doppel den grobstofflichen Körper schließlich aufgibt, entfernt es sich nicht weit, sondern schwebt gewöhnlich über ihm. Dieser so genannte Geist erscheint denjenigen, mit denen er eng verbunden ist, manchmal als wolkige Figur von sehr dumpfem Bewusstsein und sprachlos. Nur ein aufwühlender Schmerz oder eine leidenschaftliche Emotion stören den träumerischen und friedlichen Bewusstseinszustand.

Während und nach dem Rückzug des Ätherkörpers läuft das gesamte vergangene Leben des Menschen an dem Ego vorbei, jeder vergessene Winkel, jeder Zipfel der Erinnerung gibt seine Geheimnisse preis, Bild um Bild, Ereignis um Ereignis. In diesen wenigen Sekunden durchlebt das Ego erneut sein ganzes Leben und sieht seine Erfolge und Fehlschläge, seine Liebe und seinen Hass. Es erkennt die Hauptneigung des Ganzen, und der Leitgedanke des Lebens setzt sich durch und kennzeichnet den Bereich, in dem der größte Teil des Lebens nach dem Tode verbracht werden wird. In der Kaushitaka-Upanishade heißt es, dass das *Prâna* beim Tode alles zusammen trägt und es bei seinem Rückzug aus dem Körper dem Selbst, dem »Sammelgefäß«, übergibt.

Dieser Stufe folgt aufgrund des Rückzugs der Äthersubstanz und ihrer Verflechtung mit dem Astralkörper gewöhnlich eine kurze Periode friedvoller Unbewusstheit und hindert so den Menschen daran, in der physischen oder astralen Welt zu wirken. Einige Menschen schütteln die Ätherhülle innerhalb weniger Minuten ab; andere verharren stunden-, tage- oder sogar wochenlang in ihr, obwohl der Vorgang gewöhnlich nicht länger als einige Stunden in Anspruch nimmt.

Im Laufe der Tage lösen sich die höheren Prinzipien allmählich von dem Doppel, das nun seinerseits zum ätherischen Leichnam wird, der in der Nähe des grobstofflichen verbleibt und mit ihm gemeinsam zerfällt. Diese Äthergeister können auf den Friedhöfen oft als violetter oder bläulich-weißer Nebel beobachtet werden, der im Laufe seines Verfalls häufig unschöne Erscheinungsformen annimmt.

Einer der großen Vorteile der Verbrennung liegt darin, dass der Ätherkörper durch die Zerstörung der grobstofflichen Physis sein Nest verliert und somit rasch zerfällt.

Wenn ein Mensch danach verlangt, sich an das physische Leben oder selbst noch an seinen Leichnam zu klammern, bietet die Konservierung des toten Körpers durch Beerdigung oder Einbalsamierung eine ausgesprochene Versuchung für ihn und erleichtert ihm seine unglückselige Absicht. Die Verbrennung verhindert völlig jedes Bemühen einer teilweisen und vorübergehenden Vereinigung der Prinzipien. Außerdem gibt es einige unerfreuliche Formen schwarzer Magie, die man in den westlichen Breiten glücklicherweise selten findet, die sich des verfallenden physischen Körpers bedienen. Der Ätherkörper eines Toten kann in ähnlicher Weise vielfach zum Einsatz kommen. Durch eine Verbrennung werden alle diese Möglichkeiten vermieden. Ein Toter verspürt unmöglich die Auswirkungen des Feuers auf seinen Leichnam, denn wenn er tot ist, haben sich die astrale und Äthersubstanz vollkommen von der grobstofflichen Hülle getrennt.

Obwohl ein Toter nicht in seinen leblosen Körper zurückkehren kann, besteht die Möglichkeit, dass jemand, der nichts außer dem rein physischen Leben kennt und verrückt wird vor Angst, völlig von ihm abgeschnitten zu werden, in dem verzweifelten Bemühen, mit dem irdischen Leben in Berührung zu bleiben, sich an der Äthersubstanz des abgeworfenen Körpers festhält und diese mit sich herumschleift. Dies kann zu unermesslichen Leiden führen und durch eine Verbrennung vermieden werden.

In Fällen, bei denen sich Menschen verzweifelt an die physische Existenz klammern, kann sich der Astralkörper nicht vollkommen von der Ätherhülle trennen, und sie wachen auf, immer noch umgeben von Äthersubstanz. Dieser Zustand ist sehr unangenehm, da die Ätherhülle dem Menschen den Zugang zur Astralwelt versperrt und er gleichzeitig aufgrund des Verlusts der physischen Sinnesorgane nicht mehr völlig mit dem Erdendasein in Berührung kommen kann. Folglich gleitet er allein, stumm und erfüllt von schrecklicher Angst in einem dicken, düsteren Nebel umher, unfähig, mit einer der beiden Ebenen zu verkehren.

Trotz seiner Anstrengung verbraucht sich die Ätherhülle im Laufe der Zeit, doch nicht ohne zuvor unendlich gelitten zu haben. Jene, die ebenfalls hinübergegangen sind, und auch andere bemühen sich, dieser Personengruppe zu helfen, doch meistens erfolglos.

Manchmal versucht jemand in diesem Zustand, über ein Medium erneut Kontakt zur physischen Ebene aufzunehmen, obwohl die »Geistführer« des Mediums ihnen den Zugang streng verbieten, da sie wissen, dass es Gefahr läuft, besessen oder verrückt zu werden. Gelegentlich kann ein unbewusstes Medium – meistens ein empfindsames junges Mädchen – ergriffen werden. Der Versuch ist aber nur dann erfolgreich, wenn das Ego des Mädchens seine Körper nicht mehr völlig im Griff hat, weil es sich unliebsamen Gedanken und Leidenschaften hingab. Gelegentlich gelingt es einer in dieser grauen Welt umherwandernden Seele, teilweisen Besitz von einem Tier zu ergreifen, gewöhnlich eines weniger entwickelten, wie Rind, Schaf oder Schwein, obwohl auch Katzen, Hunde oder Affen in dieser Weise benutzt worden sind. Dies scheint, für die heutige Menschheit, ein Ersatz für das furchtbare Leben des Vampirs in früheren Zeiten zu sein. Eine solche Verwicklung mit einem Tier lässt sich möglicherweise nur allmählich und mit äußerster Anstrengung wieder lösen, was sich wahrscheinlich über mehrere Tage hin erstreckt. Gewöhnlich bringt nur der Tod des Tieres die Freiheit, und selbst dann bleibt eine astrale Verwicklung abzuschütteln.

KAPITEL 16

HEILUNG

Ein Mensch von robuster Gesundheit strahlt ununterbrochen Lebensenergie aus, die von anderen aufgenommen werden mag. Auf diese Weise erhalten letztere Kraft, und geringfügigere Krankheiten können geheilt, zumindest aber eine Erholung beschleunigt werden.

Da sich die *Prâna*-Ströme dem Willen unterordnen, vermag jemand die aus ihm heraustretenden Vitalitätströme bewusst zu lenken und ihren natürlichen Fluss stark zu vergrößern. Diese Ströme auf einen Patienten zu richten, der keine Kraft mehr besitzt, weil seine Milz nicht richtig arbeitet, mag dessen Genesung in hohem Maße fördern. Der Heiler gießt zusätzliche Vitalität in den Organismus des Patienten und hält dessen Mechanismus dadurch so lange aufrecht, bis er sich soweit erholt hat, dass er selbst wieder für ausreichend Vorrat an *Prâna* sorgen kann. Auf diese Weise lässt sich durch den Starken die Heilung des Schwachen erreichen. In manchen Fällen genügt schon dessen Nähe, wobei der Prozess entweder völlig unbewusst und automatisch abläuft oder willentlich gesteuert wird. Nur reichlich Vitalität in den Patienten einströmen zu lassen, die seinen Organismus mit belebender Energie überflutet, kann bereits sehr vorteilhaft sein. Oder der Gebende leitet den Strom unmittelbar auf den erkrankten Körperteil. Viele leichtere Krankheiten werden bereits durch einen erhöhten *Prâna*-Strom geheilt. Alle Nervenkrankheiten gehen mit einem Missklang des Ätherkörpers einher, was ebenfalls Verdauungsprobleme und Schlaflosigkeit hervorruft. Die Ursache für

Kopfschmerzen liegt meistens in einer Stauung des Blutes oder der Nervenflüssigkeit, des so genannten Magnetismus. Wenn der Heiler einen starken Vitalitätsstrom durch den Kopf des Leidenden lenkt, wird die gestaute Substanz aufgelöst und die Kopfschmerzen verschwinden.

Diese Methoden sind sehr einfach und nicht schwierig anzuwenden, obwohl ein geschulter Heiler, besonders wenn er über hellseherische Fähigkeiten verfügt, sie ungeheuer verbessern kann. Eine derartige Steigerung, die einige anatomische und physiologische Kenntnisse voraussetzt, besteht darin, sich ein mentales Bild des erkrankten Organs zu machen und sich dieses dann als gesund vorzustellen. Die Gedankenkraft bringt die Äthersubstanz in die gewünschte Form. Dies beschleunigt sehr stark den natürlichen Vorgang, neues Gewebe zu bilden.

Bei einem noch intensiveren Verfahren wird das Organ aus Mentalsubstanz geschaffen, anschließend astrale Materie hineingebaut und mit Äthersubstanz verdichtet. Zuletzt werden in diese Form gasförmige, flüssige und feste Bestandteile aus dem Körper hineingearbeitet und Lücken mit von außerhalb kommender Substanz ergänzt.

Ein methodischer und wirkungsvoller Weg magnetischer Heilweise ist folgender: Der Patient nimmt im Sitzen oder Liegen eine bequeme Stellung ein und entspannt sich so gut wie möglich. Angenehm ist es, wenn er in einem Armsessel sitzt, der Heiler seitwärts auf der Lehne und somit etwas höher als der Patient. Letzterer fährt dann, ohne ihn dabei zu berühren, mit seinen Händen über den Körper des Klienten oder über denjenigen Körperteil, den er magnetisch heilen will, indem er mit einer Willensanstrengung die gestaute oder erkrankte Äthersubstanz fortzieht. Manchmal hilft es auch, die ganze Hand sanft auf die Haut zu legen. Der Heiler muss darauf achten, dass er nach jedem Abstreifen die Äthersubstanz von sich schleudert, damit nichts davon in seinem eigenen Organismus hängen bleibt und er bald an einer ähnlichen Beschwerde leidet wie der von ihm behandelte Patient. Viele derartige Fälle sind bekannt. Es kommt also vor, dass jemand Zahnschmerzen oder Ellbogenbeschwerden bei einem anderen Menschen heilt und bald darauf selbst darunter leidet. Wird bei wiederholter Behandlung eines Krankheitsbildes die abgestreifte, krankhafte Substanz nicht weggeschleudert, kann der Heiler selbst ernsthaft erkranken oder sich ein chronisches Leiden zuziehen.

A.P. Sinnett berichtet über eine Frau, die von chronischem Rheumatismus geheilt wurde und danach in einen anderen Teil Europas zog und dort lebte. Vier Jahre später starb der Heiler, und die alten rheumatischen Beschwerden traten wieder mit der früheren Stärke bei der Frau auf. Es hat den Anschein, dass der ungesunde Magnetismus, den der Heiler von der Patientin abgezogen, aber nicht zerstört hatte, jahrelang in seiner Aura hängen geblieben war und bei seinem Tode augenblicklich zu seinem Ursprungsort zurückkehrte.

Gewöhnlich genügt es, die Hände heftig nach unten und von sich weg auszuschütteln oder den Magnetismus in ein Gefäß mit Wasser zu werfen, das später natürlich fort geschüttet wird. Bevor man zum nächsten und positiveren Teil der Behandlung übergeht, sollten die Hände mit Wasser gewaschen werden.

Man kann den ungesunden Magnetismus auch auf bestimmte Elemental-Gruppen lenken, wo er seinen entsprechenden Bereich finden wird. Das Bibelgleichnis von der Schweineherde mag eine symbolische Beschreibung dieses Vorgangs sein. Es wäre natürlich besser, auf diese Art vorzugehen, anstatt den ungesunden Magnetismus nahe der Aura des Heilers oder anderer Menschen umher gleiten zu lassen.

Bei einer etwas veränderten Methode, die sich bei lokaler Stauung bewährt hat, werden die Hände auf beiden Seiten der betroffenen Stelle aufgelegt und ein Strom reinigenden Magnetismus von der rechten zur linken Hand gelenkt, der die gestaute Substanz aus dem Patienten treibt.

Nach dieser Vorbereitung lässt man seinen eigenen Magnet- und *Prâna*-Strom in den Patienten fließen. Dies geschieht durch ähnliche Bewegungen der Hände, doch dieses Mal mit einer starken Willensanstrengung, die eigene Kraft in den Patienten zu gießen. Dabei kann man, wie im ersten Schritt, weit ausladend über den ganzen Körper fahren oder kürzer über einen bestimmten Bereich. Auch diesmal können beide Hände benutzt werden, wobei der Strom durch die zu behandelnde Region von der rechten zur linken Hand fließt.

Der Heiler sollte sich selbst bester Gesundheit erfreuen, weil er sonst womöglich etwas von seinem eigenen ungesunden Magnetismus in den Patienten fließen lässt.

Bei der Heilung mittels Magnetismus bildet die Kleidung eine Schranke; Seide schirmt am intensivsten ab. Der Patient sollte daher, den Umständen entsprechend, bei der Behandlung so leicht wie möglich bekleidet sein.

Bestimmte Formen der Geisteskrankheit beruhen auf Schäden im ätherischen Gehirn, wodurch dessen Teilchen mit den physischen Teilchen nicht in vollkommener Verbindung stehen und deshalb unfähig sind, Schwingungen aus den höheren Körpern richtig zu übermitteln. Das gibt Grund zu der Annahme, dass solche Fälle durch eine magnetische Behandlung geheilt werden können.

Es gibt natürlich noch andere Methoden, den Ätherkörper zu beeinflussen, da die Verbindung zwischen Mental-, Astral- und Ätherkörper so eng ist, dass sie gegenseitig auf sich einzuwirken vermögen.

Ganz allgemein gesagt, wirkt sich alles, was die physische Gesundheit fördert, vorteilhaft auf die höheren Körper aus. Untätige

Muskeln neigen nicht nur zur Verkümmerung, sondern rufen auch eine Stauung des Magnetismus hervor; das bedeutet eine Schwachstelle im ätherischen Doppel, durch die unerwünschte Keime wie Infektionserreger eindringen können.

Ähnlich wird sich eine geschwächte Gesundheit auf mentaler oder astraler Ebene früher oder später als physische Krankheit widerspiegeln. Eine astral »kleinliche« Person, die es zulässt, dass der Astralkörper seine Kraft für nichtige Emotionen, Sorgen und Ängste vergeudet, verursacht nicht nur unangenehme und störende Auswirkungen auf den Astralkörper anderer empfindsamer Menschen, sondern die andauernde astrale Störung schlägt sich über den Äther auf den grobstofflichen physischen Körper nieder und ruft die verschiedensten Nervenkrankheiten hervor.

Fast alle nervlichen Probleme sind das unmittelbare Ergebnis unnötiger Sorgen und Emotionen und würden bald verschwinden, wenn man den Patienten belehren könnte, seine feinstofflichen Körper ruhig und friedlich zu halten.

Die Heilung durch Magnetismus geht fast unmerklich in den Mesmerismus über.

KAPITEL 17

MESMERISMUS

Der Hypnotismus unterscheidet sich ganz klar vom Mesmerismus. Der Begriff Hypnotismus leitet sich von dem griechischen Wort *hypnos*, der Schlaf, ab und bedeutet wörtlich, die Kunst, in den Schlaf zu versetzen. Dies geschieht gewöhnlich durch eine Nervenlähmung, die durch einen leichten Druck der Augennerven oder in anderer Weise herbeigeführt wird. Es handelt sich dabei nicht um einen schädlichen Zustand, obwohl er gut oder schlecht auslaufen kann. Er macht die Person oft unempfindlich für Schmerz und kann dem Organismus eine Erholungspause schenken, die sich sehr vorteilhaft auszuwirken vermag. Dieser selbstverursachte Zustand führt vor allem dazu, dass das Subjekt mehr oder weniger stark von dem Hypnotiseur beherrscht wird und sich veranlasst fühlt, dessen Wünschen zu entsprechen, was von seiner Natur und seinem Charakter, dem Grad der Hypnose und der Kraft und Geschicklichkeit des Hypnotiseurs abhängt.

Der Mesmerismus gründet sich auf ein völlig anderes Prinzip. Das Wort selbst ist auf den Wiener Arzt Friedrich Mesmer (1734-1815) zurückzuführen, der gegen Ende des achtzehnten Jahrhunderts entdeckte, dass er durch Einflüsse aus der Hand auf Heilungen Einfluss nehmen konnte, was er als »animalischen Magnetismus« bezeichnete. Das Prinzip des Mesmerismus besteht darin, dass der Heiler den Magnetismus oder die Nervenflüssigkeit des Patienten austreibt oder zurückdrängt und seinen eigenen Magnetismus einfließen lässt. Als natürliche Folge verliert der Patient jegliches Gefühl in diesem Körperteil, aus dem sein eigener Magnetismus entwichen ist. Im Vorangegangenen haben wir gesehen, dass die Gefühlskraft von der Übertragung der Kontakte zu den Astralzentren über die Äthersubstanz abhängt. Wird letztere beseitigt, bricht die Verbindung zwischen dem physischen und dem Astralkörper ab, was folglich eine Empfindung unmöglich macht.

Der Rückzug der Nervenflüssigkeit greift in keiner Weise in die Blutzirkulation ein, denn der betreffende Körperteil kühlt nicht ab.

So kann die eigene Äthersubstanz des Patienten aus seinem Arm oder Bein ausgetrieben werden, so dass das Glied vollständig betäubt ist. Bei dem in diesem Fall rein örtlichen Vorgang bleibt der Patient voll bewusst. Nur das entsprechende Glied wurde örtlich betäubt. Unter einer solchen mesmerischen Anästhesie sind größere und kleinere chirurgische Eingriffe durchgeführt worden. Die wohl bekannteste Sammlung derartiger Operationen findet sich in dem Buch »Mesmerismus in Indien«, das erstmalig 1842 von Dr. Esdaile veröffentlicht wurde. Der Chirurg Dr. Elliotson führte in London ebenfalls eine große Anzahl von Operationen unter der mesmerischen Betäubung durch. Chloroform kannte man in jenen Tagen nicht, und jeder Operationssaal glich einer Folterkammer. Ein sehr zu empfehlendes Buch von A.P. Sinnett (»The Rationale of Mesmerism«) enthält anschauliche und interessante Berichte über die Arbeit dieser beiden Pioniere.

Der mesmerische Vorgang kann bis zu einem Punkt weiter getrieben werden, an dem das eigene Nervenfluidum aus dem Gehirn getrieben und durch das des Magnetiseurs ersetzt wird. In diesem Fall verliert das Subjekt vollkommen die Kontrolle über seinen Körper, und der Magnetiseur kann es seinen Wünschen unterwerfen.

Eine interessante Auswirkung dieses Austauschs zeigt sich darin, dass ein auf den Magnetiseur ausgeübter Reiz von dem Subjekt gefühlt wird und umgekehrt.

Nehmen wir an, ein Arm wurde mesmerisiert, indem das Nervenfluidum des Magnetiseurs das des Subjekts ersetzte. Wird dessen Hand gezwickt, kann das Subjekt diese Empfindung auffangen, weil der Nervenäther des Magnetiseurs mit dem Gehirn des Subjekts verbunden wurde. Das Subjekt, das die Botschaft vom Nervenäther des Magnetiseurs empfängt, nimmt an, sie stamme aus seinem eigenen Nervenäther und reagiert entsprechend. Dieses Phänomen bezeichnet man als magnetische Sympathie.

Beim Mesmerismus muss man nicht mit der Hand über den Körper fahren. Die Hände werden nur gebraucht, um das Fluidum zu konzentrieren und vielleicht die Vorstellungskraft des Magnetiseurs zu unterstützen, um den Glauben zu stärken, von dem der ganze Vorgang weitgehend abhängt. Ein geschickter Heilmagnetiseur kommt jedoch ohne die Bewegung seiner Hände aus und erzielt sein Vorhaben, indem er nur in die Augen des Subjekts blickt und seinen Willen einsetzt.

Der Äthermechanismus des Körpers teilt sich in zwei Aspekte, den unbewussten, der mit dem sympathischen und den bewussten oder willkürlichen, der mit dem cerebro-spinalen Nervensystem in Verbindung steht. Letzterer lässt sich mesmerisieren, der erste Aspekt hingegen nicht. Aus diesem Grunde vermag ein Magnetiseur nicht in die üblichen Lebensprozesse im Körper des Patienten, wie die Atmung oder die Blutzirkulation, einzugreifen.

Dies mag die Aussage der Theosophie erklären, dass das *Prâna* im Körper in zwei Hauptformen vorkommt – das Energie spendende *Prâna* im ätherischen Doppel und das unwillkürliche *Prâna* im grobstofflichen Körper.

Im Falle magnetischer Heilung sollte der Heiler daher über eine optimale physische Gesundheit verfügen. Denn er lässt nicht nur *Prâna* in den Patienten fließen, sondern auch seine eigenen Emanationen, wodurch er mögliche Krankheiten auf das Subjekt übertragen könnte. Da außerdem Astral- und Mentalsubstanz mit eindringen, lassen sich auch psychische Erkrankungen einschleusen.

Aus ähnlichen Gründen mag ein Magnetiseur, sogar unbewusst, einen großen Einfluss auf seinen Patienten erlangen, eine weitaus größere Macht, als man annehmen möchte. Er kann jede Eigenschaft des Herzens oder des Geistes auf sein Subjekt übertragen. Die damit verbundenen möglichen Gefahren sind nicht zu übersehen.

Gegen den Mesmerismus zu rein heilerischen Zwecken, der von Heilern ausgeübt wird, die ihre Sache verstehen und denen man vertrauen kann, lässt sich nichts einwenden. Ein Mesmerismus, der aus anderen Gründen angewendet wird, ist jedoch strikt abzulehnen.

Ein Vorteil des Mesmerismus über die willentliche Heilung einer Krankheit besteht darin, dass durch die in den physischen Körper einfließenden Willenskräfte die Gefahr besteht, dass die Krankheit in die feinstofflichen Körper, aus der sie kam, zurückgedrängt wird, was verhindert, dass das Übel, dessen Ursprung im Geist und in den Emotionen liegt, im physischen Körper schließlich aufgearbeitet wird.

Ein interessantes Beispiel für die Heilung durch Mesmerismus ist die buddhistische *Paritta*- oder *Pirit*-Zeremonie (was wörtlich »Segnungen« heißt), bei der die Mönche im Kreis oder um eine Mulde sitzen und ein Seil von der Dicke einer Wäscheleine in den Händen halten, von denen Fäden in einen großen, mit Wasser gefüllten Topf laufen. Die Mönche lösen sich gegenseitig ab, tagelang ununterbrochen Texte aus den Schriften zu zitieren, wobei sie sich geistig auf den Willen zu segnen konzentrieren. Dadurch wird das Wasser stark mit Magnetismus aufgeladen und dann unter die Leute verteilt, oder ein Kranker hält einen mit dem Seil verbundenen Faden.

Übrigens lassen sich auch Pflanzen mesmerisieren und besondere Wachstumsergebnisse erzielen. Zumindest in den westlichen Ländern gibt es wohl nur sehr wenige, die dies bewusst machen, obwohl sich der so genannte grüne Daumen dadurch erklären lassen mag.

Ein einfacherer Grund für solche Phänomene steht wohl in Zusammenhang mit dem Aufbau des ätherischen und der anderen Körper und dem Verhältnis zwischen der Person und den Elementalen, von denen sich diejenigen ihr gegenüber am freundlichsten verhalten werden, deren Element in ihren Körpern überwiegt.

Naturgeister, die kaum Verantwortungsgefühl besitzen und deren Wille nicht stark entwickelt ist, können gewöhnlich sehr rasch durch Mesmerismus beherrscht und dann in vielfältiger Weise beauftragt werden, den Willen des Magiers auszuführen. Solange sich die ihnen gestellten Aufgaben in ihrem Machtbereich befinden, werden sie diese treu erledigen.

Es besteht auch die Möglichkeit, Personen zu mesmerisieren, die erst kürzlich gestorben sind und die sich in ihren Astralkörpern noch in unserer Nähe aufhalten.

KAPITEL 18

HÜLLEN UND SCHUTZSCHILDER

Es gibt gewisse Situationen, in denen es erlaubt und wünschenswert ist, eine Hülle oder einen Schild aus Äthersubstanz zu bilden, um sich und andere vor unerfreulichen Einflüssen aller Art zu schützen.

In einer Menschenansammlung gibt es wahrscheinlich unangenehme, wenn nicht sogar schädigende Magnetströme. Manche Leute mit geringer Vitalität besitzen die oft unbewusste Fähigkeit, die *Prâna*-Vorräte der Umstehenden auszurauben. Angenommen diese Vampiren ähnelnden Menschen würden den anderen nur die überschüssigen Ätherteilchen entziehen, die normalerweise vom Körper ausgestoßen werden, könnten sie keinen Schaden anrichten. Doch oft ist dieses Aussaugen so stark, dass sich der ganze *Prâna*-Kreislauf in dem Opfer beschleunigt und die rosafarbenen Teilchen aus dem Organismus gezogen werden, noch bevor ihr *Prâna*-Gehalt aufgenommen wurde. Ein Vampir ist so imstande, einer Person in wenigen Minuten die gesamte Kraft zu entziehen.

Aber diese geraubte Vitalität nützt ihm nicht viel, da sein eigener Organismus dazu neigt, diese zu zerstreuen, ohne sie richtig aufgenommen zu haben. Ein solcher Mensch bedarf der magnetischen Heilung, indem ihm genau bemessene *Prâna*-Mengen so lange zugeführt werden, bis die Elastizität seines Ätherkörpers wiederhergestellt ist, um die undichte Stelle zu schließen und dem Aussaugen ein Ende zu setzen. Die Vitalität entweicht aus jeder Pore, weniger aus irgendeinem Bereich des Körpers.

In gewissen Ausnahmefällen mag eine Wesenheit versuchen, von dem physischen Körper anderer Besitz zu ergreifen. Vielleicht muss man in einem Schlafwagenabteil neben Menschen des Vampir-Typs oder solchen mit groben, unangenehmen Ausstrahlungen schlafen. Oder man muss sich in Seuchengebiete begeben. Einige Leute sind derartig empfindsam, dass sie die Symptome kranker oder schwacher Menschen in ihrem eigenen Körper verspüren. Andere wiederum leiden unsagbar unter dem unaufhörlichen Pulsieren der vielseitigen Schwingungen einer lauten Großstadt.

In allen diesen Fällen kann sich eine Schutzhülle als sehr nützlich erweisen. Dabei sollte man jedoch beachten, dass eine Ätherhülle, die die Äthersubstanz fern hält, diese auch im Innern festhalten wird und daher die eigenen, teilweise giftigen ätherischen Emanationen innerhalb der Hülle bleiben.

Die Hülle wird mittels Willensanstrengung und Vorstellungskraft geformt. Dies kann auf zweierlei Weise geschehen. Entweder man verdichtet den äußeren Rand der Äther-Aura, die den physischen Körper in geringem Abstand umgibt, oder man baut eine ovale Hülle aus der Äthersubstanz der umgebenden Atmosphäre auf. Letztere ist vorzuziehen, obwohl sie einen viel größeren Willenseinsatz und genaue Kenntnisse erfordert, wie sich physische Materie auf diese Weise formen lässt.

Geistig Strebende, die ihren irdischen Körper während des Schlafs durch eine Ätherhülle schützen möchten, müssen darauf achten, dass diese aus Äther-, nicht aus Astralsubstanz besteht. Es wird von einem Fall berichtet, bei dem jemand aufgrund eines Fehlers in einer undurchdringlichen Astralhülle, die das Bewusstsein unerreichbar gefangenhielt, davonglitt, während sein physischer Körper völlig ungeschützt zurückblieb.

Vor dem Einschlafen eine Ätherhülle zu bilden, könnte dazu beitragen, dass die nächtlichen Erfahrungen des Egos in das

Wachbewusstsein treten. Sie hindert die Gedanken, die stets in der Ätherwelt kreisen und ständig auf die Körper einstürmen, daran, in das schlafende ätherische Gehirn zu dringen und sich dort mit dessen Gedanken zu vermischen.

Der ätherische Anteil des Gehirns spielt als Tummelplatz der schöpferischen Vorstellung eine aktive Rolle im Traumgeschehen, besonders wenn die Eindrücke von außen kommen oder einem inneren Druck der Gehirnkammern entspringen. Seine Träume sind im Allgemeinen dramatisch, da es die angehäuften Inhalte des physischen Gehirns anzieht und diese nach seinem eigenen Gutdünken anordnet, trennt und neu verbindet und auf diese Weise die niedere Traumwelt schafft.

Die beste Methode, im Wachzustand für die von außen auftreffenden Gedanken weitgehend unzugänglich zu bleiben, besteht darin, das Gehirn ständig zu beschäftigen, anstatt es untätig zu lassen, die Tore weit geöffnet für das einfließende, belanglose Chaos.

Während des Schlafens ist der ätherische Gehirnanteil natürlich noch stärker den äußeren Gedankenströmen ausgesetzt. Mit den soeben beschriebenen Mitteln sollte es dem Schüler jedoch möglich sein, sich von solchen Belästigungen freizuhalten.

In einigen Fällen genügt ein kleiner, örtlicher Schild, um sich gegen eine bestimmte Berührung zu schützen.

Einige Leute leiden geradezu darunter, jemandem die Hand zu schütteln. In diesem Fall kann man ein vorübergehendes Schutzschild aus Äthersubstanz schaffen, indem man sich dieses unter Einsatz seiner Willenskraft vorstellt, welches die Hand und den Arm davor bewahrt, dass auch nur ein einziges, mit einem unerwünschten Magnetismus aufgeladenes Teilchen eindringt.

Ähnliche Schilder werden zum Schutz vor Feuer verwendet, obwohl dies eine weitaus umfangreichere Kenntnis praktischer Magie erfordert. Die dünnste Schicht solcher ätherischen Schutzschilder kann so beeinflusst werden, dass sie jeder Hitze widersteht. Man breitet sie über Hände, Füße, heiße Steine oder andere Stoffe, wie etwa die beim Lauf über glühende Kohlen. Dieses Phänomen lässt sich gelegentlich auch bei spiritistischen Sitzungen beobachten, bei denen die Anwesenden ohne Verbrennungsgefahr glühende Kohlen in die Hand nehmen.

Die rein ätherischen Hüllen und Schutzschilder vermögen astrale oder mentale Einflüsse natürlich nicht abzuwehren. Dazu bedarf es Hüllen, die aus der Substanz dieser Ebenen aufgebaut werden, was uns in diesem Zusammenhang jedoch nicht beschäftigt.

KAPITEL 19

MEDIALITÄT

Bei einem Medium kann sich die Ätherhülle leicht vom physischen Körper lösen. Das ausgetretene ätherische Doppel bildet weitgehend die physische Grundlage für »Materialisationen«.
Solche materialisierten Formen beschränken sich gewöhnlich auf die unmittelbare Nähe des Mediums. Die Substanz, aus der sie bestehen, unterliegen einer Anziehungskraft, die sie fortwährend zu dem Körper, aus dem sie stammt, zurückzieht. Wenn die Form sich allzu lange vom Medium entfernt, fällt sie in sich zusammen und der Stoff, aus dem sie besteht, drängt augenblicklich zu seinem Ursprung zurück. In dem starken Schwingungsfeld des strahlenden Lichtes können sich solche Gebilde nur wenige Minuten halten.

Ein Medium befindet sich in einem gefährlichen Zustand, den man glücklicherweise verhältnismäßig selten antrifft. Er führt zu einer starken nervlichen Belastung und Unruhe. Die ausgetretene Ätherhülle wird gespalten. Wenn sie sich vollständig vom physischen Körper löste, träte der Tod ein, da die Lebenskraft oder das *Prâna* nicht ohne Äthersubstanz fließen kann. Selbst der teilweise Rückzug des Doppels verursacht in der Physis eine gewisse Lethargie und hebt die Lebensfunktionen nahezu auf. Diesem gefährlichen Zustand folgt meistens eine extreme Erschöpfung.

Die ungeheure Belastung der Vitalität, die durch diesen Rückzug verursacht wird, führt dazu, dass das Medium nach der Sitzung häufig dem Zusammenbruch nahe ist. Viele verfallen der Trunksucht oder nehmen Aufputschmittel, um das furchtbare

Verlangen nach Halt, das der plötzliche Kräfteverlust auslöst, zu befriedigen.

Sir William Crookes schrieb einmal dazu: »Nachdem ich den schmerzhaften Zustand nervlicher und körperlicher Erschöpfung, in den Herr Home nach einigen dieser Experimente verfiel, erlebt habe – ich sah ihn fast bewusstlos, blass und sprachlos auf dem Boden liegen – konnte ich kaum daran zweifeln, dass die Entwicklung übersinnlicher Kräfte mit einem Entzug der Vitalkraft einhergeht.« Dieser Zustand ähnelt sehr dem Schock nach einem chirurgischen Eingriff.

Bei einer spiritistischen Sitzung kann ein Hellseher das ätherische Doppel gewöhnlich aus der linken Seite des Mediums hervorquellen sehen, manchmal aber auch aus der gesamten Körperoberfläche, was oft als der »materialisierte Geist« erscheint. Die Gedanken der Anwesenden gestalten diesen ganz unterschiedlich. Während das Medium in Trance fällt, gewinnt er an Kraft und Vitalität. Dies geschieht gewöhnlich ohne besondere Anstrengung von seiten der Gruppe, kann aber auch bewusst herbeigeführt werden. H.P. Blavatsky berichtete, dass sie bei den bemerkenswerten Ereignissen in der Eddy-Farm den »Geist« absichtlich formte, der in verschiedenen Gestalten erschien, die von den Anwesenden gesehen werden konnten.

Obwohl die in solche »Geistergestalten« geformte Äthersubstanz für das physische Auge unsichtbar ist, kann sie sich auf einer fotografischen Platte niederschlagen, die für bestimmte Lichtwellen, auf die das menschliche Auge nicht reagiert, empfindlich ist. Das erklärt den Grund für das Erscheinen von »Geistformen« auf dem Negativ einer gewöhnlichen Fotografie.

Bei spiritistischen Sitzungen kann es oft geschehen, dass neben dem ätherischen Doppel des Mediums auch von den Anwesenden Äthersubstanz abgezogen wird, was die oft von den Teilnehmern empfundene Mattigkeit erklärt.

Nur in einem Zustand vollkommener Passivität kann sehr viel Substanz vom physischen Körper abgezogen werden, ohne das Leben zu gefährden. Das Medium bleibt während dieses Vorgangs im Grunde genommen voll bewusst. Doch jeder Versuch, sich selbst durchzusetzen oder zusammenhängend zu denken, schwächt sofort die materialisierte Form oder bringt sie in ihre »Truhe« zurück. Ein unerwarteter Schock, eine Störung oder der Versuch, den »Geist« zu erhaschen, birgt eine hohe Gefahr und führt nicht selten zum Tode.

Außer der Äthersubstanz wird in vielen Fällen auch physische Materie, hauptsächlich wohl gasförmige und flüssige Bestandteile, aus dem Körper des Mediums ausgestoßen. Man hat von vielen Fällen berichtet, bei denen der Körper des Mediums während einer Materialisation sichtbar welkte und das verschrumpelte, gnomenhafte Gesicht einen eigenartig geisterhaften und unangenehmen Anblick bot. Eine tatsächliche Gewichtsbestimmung ergab, dass der Körper etwa zehn Kilo weniger und die materialisierte Form gewöhnlich sogar etwas mehr wog, was vermutlich der von den Anwesenden entzogenen grobstofflichen Substanz zuzuschreiben war. In einem sehr bekannten Fall soll die Form sogar den verkleinerten Körper des Mediums getragen haben.

Ein Medium versorgt ein Astralwesen, das sich »manifestieren« oder auf der physischen Ebene einige Phänomene hervorbringen möchte, mit der nötigen Äthersubstanz, die vermittelnd wirkt, um astrale Kräfte auf die physische Ebene zu übertragen.

Ein vergleichbarer Vorgang läuft ab, wenn sich ein toter Trunkenbold, der über einer Kneipe schwebt, mit einem Schleier aus Äthermaterie umgibt, um den Alkoholgeruch, nach dem er giert, aufzunehmen. Da er den Alkohol nicht in derselben Weise wie wir riecht, versucht er, andere zum Trinken zu bringen, so dass er teilweise in deren physischen Körper eintreten und ihn besetzen kann und so den Geschmack und die anderen Empfindungen, nach denen ihn so brennend verlangt, noch einmal unmittelbar erfährt.

Manchmal wird dem Körper des Mediums nur so viel Äthermaterie entzogen, um daraus eine Hand oder auch bloß Finger zu formen, die einen Bleistift halten oder um »Klopfzeichen« zu machen, Gegenstände umzustoßen und Ähnliches. Gewöhnlich wird dem Medium sowohl ätherische als auch physische Substanz entzogen, um eine astrale Gestalt gerade so stark zu umhüllen, dass sie für die Anwesenden sichtbar wird. Es handelt sich dabei aber nicht um eine feste Form, sondern nur um einen dünnen Film.

»Geistige« Textilien, gewöhnlich bei Séancen, werden oft aus der Bekleidung des Mediums oder eines der Anwesenden gebildet. Das Gewebe kann grob oder äußerst fein sein, feiner als das Produkt eines fernöstlichen Webstuhls. Manchmal kann man das Tuch aus dem Sitzungsraum entfernen. Es kommt vor, dass es sich jahrelang hält; in anderen Fällen verblasst es nach ungefähr einer Stunde oder sogar innerhalb weniger Minuten.

Es besteht keine Frage, dass, abgesehen von sehr seltenen Fällen und unter Beachtung aller Vorsichtsmaßnahmen, die Arbeit eines Mediums schädlich ist und äußerst gefährlich sein kann. Trotzdem darf man nicht vergessen, dass gerade auf diesem Wege viele Menschen die Überzeugung von der Wirklichkeit der unsichtbaren Welten und eines Lebens nach dem Tode gewonnen haben. Andererseits muss man aber darauf hinweisen, dass ein solches Wissen auch auf andere, weniger gefahrvolle Weise hätte sichergestellt werden können.

Ein geschulter Esoteriker, der mit irgendeiner Schule der »weißen Magie« in Verbindung steht, würde niemals in das ätherische Doppel eines anderen Menschen eingreifen, um irgendeine Materialisation herbeizuführen. Auch seinen eigenen Ätherkörper ließe er unangetastet, falls er sich in einer gewissen Entfernung sichtbar machen wollte. Er würde der Umgebung einfach genügend Äther entziehen, diesen verdichten und in und um seinen Astralkörper bauen, um diesen zu materialisieren. Mittels Willensanstrengung kann er diese Gestalt so lange manifestieren, wie er es für angebracht hält.

Die meisten »Geistführer« sind sich der Gefahren, denen ihr Medium ausgesetzt ist, durchaus bewusst und unternehmen alles in ihrer Macht stehende, dieses zu beschützen. Auch die »Geister« selbst leiden mitunter, wenn eine materialisierte Form aufgrund der innigen Verbindung zwischen der Äthersubstanz der materialisierten Form und der Astralmaterie des »Geist«- Körpers steckenbleibt oder verwundet wird.

Es gibt natürlich keine physische Waffe, die den Astralkörper verwunden könnte, aber eine Verletzung der materialisierten Form kann auf den Astralkörper durch das Phänomen der »Rückwirkung« übertragen werden.

Aufgrund der Tatsache, dass im Laufe einer Materialisation die Substanz sowohl von den Anwesenden als auch vom Medium ausgeliehen wird, entsteht eine beträchtliche Vermischung. Unangenehme Eigenschaften und Laster eines Anwesenden wirken sich dadurch auf alle anderen aus, besonders aber auf das Medium, der empfindsamsten Person in der Runde. Vor allem Nikotin und Alkoholvergiftungen scheinen sehr unangenehme Auswirkungen dieser Art hervorzurufen.

Niedere Medien ziehen unweigerlich höchst unerwünschte Astralwesen an, die ihre eigene Vitalität auf Kosten des Mediums und der Anwesenden verstärken können. Ein solches »Gespenst« kann sich sogar an jemanden aus der Runde klammern, der wenig entwickelt ist, was beklagenswerte Folgen nach sich ziehen mag.

Es sind auch Fälle bekannt geworden, in denen irgendein außenstehendes, inkarniertes oder gestorbenes Wesen den Körper eines Schlafenden, vielleicht eines schlafwandelnden Menschen, in Besitz genommen und eigennützig missbraucht hat. Solche Dinge widerfahren wahrscheinlich medial veranlagten Personen.

KAPITEL 20

DIE ARBEIT VON DR. WALTER J. KILNER

In seinem Buch *The Human Atmosphere* (1911) beschreibt Dr. W.J. Kilner seine Untersuchungen der menschlichen Aura mittels Farbfilter. Seine Hauptergebnisse und Entdeckungen werden in diesem Kapitel zusammengefasst. Für weitere Einzelheiten, besonders hinsichtlich des Gebrauchs von Farbfiltern, sei auf das erwähnte Buch hingewiesen.

Interessanterweise streitet Dr. Kilner jegliche hellseherische Fähigkeit ausdrücklich ab und hat andere Berichte über die Aura erst gelesen, nachdem mehr als sechzig Patienten untersucht worden waren. Er behauptet, dass seine Methoden rein physischer Natur sind und von jedem erfolgreich angewendet werden können, der sich der erforderlichen Mühe unterzieht.

Bei den Filtern handelt es sich um dünne, flache Glaszellen, die in Alkohol gelöste Dicyanin-Farben enthalten. Zu verschiedenen Zwecken werden unterschiedliche Farben verwendet, wie dunkles und helles Karminrot, Blau, Grün und Gelb.

Man schaut etwa eine halbe Minute oder länger durch einen dunklen Farbfilter ins Licht und dann durch einen blassen Filter auf den Patienten, wenn man meint, die Aura wahrnehmen zu können. Der Gebrauch solcher Platten scheint die Augen zu beeinflussen, zunächst nur vorübergehend, später dauerhaft, so dass man nach einer gewissen Zeit die Aura sogar ohne Filter wahrzunehmen vermag. Man sollte jedoch sehr sorgfältig mit ihnen umgehen, da sie sich sehr schmerzhaft auf die Augen auswirken können.

Ein trübes, diffuses Licht aus einer Richtung, vorzugsweise von der Rückseite des Beobachters ausgehend, genügt im Allgemeinen, um den Körper eindeutig zu erkennen. Die Person sollte etwa dreißig Zentimeter vor einem tiefschwarzen Hintergrund stehen, um Schatten oder andere optische Täuschungen zu vermeiden. Für einige Beobachtungen ist ein weißer Hintergrund zweckmäßiger.

Neben den Farbfiltern hat Dr. Kilner eine Untersuchungsmethode angewendet, die sich der Komplementärfarben bedient. Dreißig bis sechzig Sekunden blickt man unverwandt auf ein schwach erleuchtetes, ungefähr fünf mal zwei Zentimeter breites Farbband. Der Vorgang, diese eine Farbe zu erfassen, ermüdet die Sehkraft. Statt dessen werden die Augen so ungewöhnlich empfindsam, dass sie andere Farben wahrnehmen. Richtet sich dann der Blick auf den Patienten, sieht man ein Band der Komplementärfarben (KF) von derselben Größe und Form wie der ursprüngliche Streifen. Dieses »Spektrum« bleibt eine Weile erhalten. Man hat festgestellt, dass Farbveränderungen der Aura Veränderungen im Erscheinungsbild des Komplementärfarbbandes hervorrufen. Auf diese Weise lassen sich eine Reihe von Tatsachen über die Aura feststellen, die durch die Filter allein unentdeckt bleiben. Die von Dr. Kilner verwendeten Farben sind:

Gummigutt – (KF) Preußisch Blau

Antwerpen Blau – (KF) Gummigutt

Karminrot – (KF) durchsichtiges Smaragdgrün

Smaragdgrün – (KF) Karminrot

Dr. Kilner nennt die drei Abschnitte der Aura:
Das ätherische Doppel
Die innere Aura
Die äußere Aura

Das ätherische Doppel erscheint durch die Filter betrachtet als dunkles Band, das an den Körper angrenzt und genau seinen Umrissen folgt. Es ist überall gleich breit und misst zwischen drei und fünf Millimetern. Seine Größe variiert bei den verschiedenen Menschen und auch unter verschiedenen Umständen bei ein und derselben Person. Es ist von durchscheinender Beschaffenheit und eindeutig gestreift, mit zarten Linien von einem wunderschönen Rosa, das die Zwischenräume zu tönen scheint. Die rosa Farbe enthält sicherlich mehr Blau als das Karminrot. Die Linien selbst scheinen zu leuchten. Bisher hat man keine Merkmale oder Veränderungen in dem ätherischen Doppel gefunden, die in der Diagnose von irgendwelcher Hilfe sein könnten.

Die innere Aura beginnt am äußeren Rand des ätherischen Doppels, obwohl sie manchmal den Körper selbst zu berühren scheint. Sie besitzt eine durchgehende Breite von fünf bis zehn Zentimetern, die manchmal längs der Gliedmaßen etwas schmäler wird, und folgt den Umrissen des Körpers. Bei Kindern zeigt sie sich im Verhältnis breiter als bei Erwachsenen. Sie baut sich aus außerordentlich feinen Körnern auf, deren Anordnung Streifen bildet. Diese Streifen verlaufen parallel zueinander, rechtwinklig zum Körper und bilden Bündel, von denen das längste im Zentrum und das kürzeste gebogen an der Außenseite liegt. Die zusammengeballten Bündel bilden den gefurchten Rand der Aura. Man hat keine Farben in den Streifen beobachtet. Bei schwacher Gesundheit sind sie weniger auffallend.

Die innere Aura stellt den dichtesten Teil der eigentlichen Aura dar. Bei Personen mit robuster Gesundheit erscheint sie gewöhnlich breiter und deutlicher gekennzeichnet.

Die äußere Aura beginnt am Außenrand der inneren Aura und variiert im Gegensatz zu ihr sehr stark in der Größe. In der Herzgegend erstreckt sie sich gewöhnlich fünf Zentimeter über die Schultern hinaus; seitlich und rückwärts am Rumpf beträgt sie etwa zehn bis zwölf Zentimeter; an der Vorderseite erscheint sie etwas schmäler. Sie folgt genau den Umrissen des Körpers, wobei sie an den Armen und Beinen manchmal enger wird. Um die Hände herum dehnt sie sich gewöhnlich wieder aus, was sich besonders stark an den Fingerspitzen zeigt. Der nicht scharf umrissene Außenrand verliert sich im Raum. Die anscheinend strukturlose äußere Aura leuchtet nicht. Ihr innerer Anteil weist gröbere Körner auf als die äußeren Bereiche, wobei die beiden Größen allmählich merkbar ineinander übergehen.

Die Auren von Jungen und Mädchen zwischen zwölf und dreizehn Jahren scheinen sich zu gleichen, nur dass die Beschaffenheit der weiblichen Aura feiner ist als die der männlichen. Ab dem Jugendalter beginnen sich die weibliche und männliche Aura voneinander zu unterscheiden. In beiden tauchen jedoch beachtliche individuelle Besonderheiten auf. Die weibliche Aura dehnt sich an den Körperseiten gewöhnlich viel weiter aus als bei den Jungen, am weitesten um die Taille herum. Auch am Rücken ist sie ausladender als vorne, vor allem im Kreuz, wo sie sich oft bläht.

Dr. Kilner betrachtete die ovale Aura-Form als die vollkommenste; Abweichungen davon sind Zeichen der Unentwickeltheit. Feinheit und Transparenz können Zeichen einer höher entwickelten Aura sein.

Im Vergleich zu Erwachsenen erstreckt sich die Aura von Kindern proportional zur Größe viel weiter. Vor allem bei Jungen zeigen sich innere und äußere Aura fast gleich breit, weshalb man sie kaum voneinander unterscheiden kann.

Intelligente Menschen besitzen im Allgemeinen eine umfassendere Aura als weniger intelligente. Dies zeigt sich besonders im Kopfbereich. Je mehr Grau die Aura dort aufweist, desto geistig dumpfer oder beeinträchtigter ist ihr Besitzer.

Manchmal kann man einen außergewöhnlich matten Dunstschleier wahrnehmen, der die äußere Aura weit übersteigt. Dieses

Erscheinungsbild konnte nur in Fällen beobachtet werden, in denen die Aura eine ungewöhnliche Ausdehnung besaß. Dr. Kilner sprach von einer »Ultra-Außenaura«.

Von verschiedenen Körperteilen ausgehend, hat man helle Flecken, Strahlen und Ströme beobachtet. Manchmal tauchen sie unvermittelt auf und verschwinden ebenso schnell wieder; manchmal bleiben sie. Die Flecken scheinen farblos zu sein, Strahlen hingegen sind meistens farbig, obwohl gelegentlich unterschiedlich getönt. An den Stellen, an denen sie auftauchen, verdichtet sich die Aura gewöhnlich.

Es gibt drei Arten:

1.) Strahlen oder Flecken, lichter als die sie umgebende Aura, völlig getrennt vom Körper, aber in unmittelbarer Nähe, erscheinen innerhalb der Aura selbst. Meistens sind sie länglich, wobei ihre Längsachse parallel zum Körper verläuft. Sie sind klar umrissen und stimmen genau mit dem Rand der inneren Aura überein, während ihre meistens zusammengezogenen und weniger hellen Enden in der angrenzenden Aura verblassen. Die innere Aura innerhalb des Strahls verliert oft ihr streifiges Aussehen und wird körnig. Je länger der Strahl bestehen bleibt, desto gröber werden seine Körner.

2.) Strahlen, die an einem Körperteil entspringen und zu einem nicht weit entfernten anderen Körperteil wandern. Diese Strahlen leuchten meistens am hellsten. Oft scheinen sie geradezu vom Körper zum Arm oder, wenn dieser gebeugt ist, von der Achsel zum Handgelenk zu laufen.

Wenn der Beobachter seine Hand in die Nähe des Patienten führt, werden beide Auren an der Stelle fast gleichbleibend heller, und bald darauf wird ein Strahl zwischen der Hand und dem nahegelegenen Körperteil des Patienten entstehen. Solche Strahlen bilden sich eher zwischen Punkten als zwischen Oberflächen.

In einem Fall leuchtete der Strahl zwischen den Händen zweier

Personen in einem hellen Gelb, das in ein fließendes Rubinrot überging.

3.) Strahlen, die rechtwinklig vom Körper ausgehend in den Raum projiziert werden; sie leuchten heller als die äußere Aura und reichen bis zu ihrem Rand oder sogar darüber hinaus. Sie verlaufen meistens geradlinig, selten fächerförmig; ihre Enden laufen spitz zu und verlieren sich, besonders an den Fingerspitzen.

Man hat immer nur geradlinige Strahlen beobachtet. Normalerweise verlaufen sie senkrecht zum Körper, können aber in jede Richtung fließen, wie von den Fingerspitzen einer Person zu denen einer anderen.

Abgesehen von den bläulich-grauen Strahlen, hat man Rot- und Gelbtöne beobachtet. Die Tatsache, dass ihr Aufbau dem der inneren Aura gleicht und man niemals beobachtet hat, dass sie die angrenzende äußere Aura weder in ihrer Dichte noch ihrer Helligkeit herabsetzt, führt zu der Annahme, dass die Strahlen und die Aura einen gemeinsamen Ursprung haben, und zwar den Körper, und dass es sich deshalb bei dem Strahl bloß um ein erweitertes Streifenbündel der inneren Aura handelt.

Unter vergleichbaren, wenn auch schwierigeren Bedingungen konnte Dr. Kilner um einen Magneten, besonders an seinen Polen, einen bläulichen Dunst oder eine Aura wahrnehmen; eine gelbe Aura um einen Kristall aus Uranium-Nitrat; eine bläuliche Aura um die Pole galvanischer Zellen; desgleichen um jeden, zwei Pole miteinander verbindenden Leiter und innerhalb des Abstands zwischen zwei Drähten, die miteinander und jeweils mit einem der Pole verbunden waren.

Daraus ergibt sich: (1) die innere Aura besitzt einen gestreiften Aufbau, während die äußere Aura völlig verschwommen erscheint; (2) die innere Aura weist im Gegensatz zur äußeren Aura einen recht klar definierten Rand auf; (3) der äußere Rand der inneren Aura ist im Gegensatz zu dem der äußeren Aura gekerbt; (4) die

Strahlen gehen von der inneren Aura aus, aber in keinem der beobachteten Fälle begannen sie in der äußeren Aura und setzten sich zur inneren fort. Dr. Kilner schloss daraus; (1) die äußere Aura rührt höchstwahrscheinlich nicht aus dem Innern; (2) die beiden Auren sind aller Wahrscheinlichkeit nach nicht das Produkt ein und derselben Kraft.

Daher spricht er von (1) einer aurischen Kraft Nr. 1 (kurz 1AK), die die innere Aura hervorbringt und (2) einer aurischen Kraft Nr. 2 (2AK), die die äußere Aura erzeugt.

1AK scheint sehr stark innerhalb eines vorgeschriebenen Bereichs zu wirken. Wenn die Kraft örtlich zunimmt, können die Strahlen durch eine Willensanstrengung bewusst projiziert werden.

2AK ist beweglicher und umfasst einen größeren Bereich als 1AK. Sie scheint vom Willen vollkommen unabhängig zu sein.

Verschiedene Gesundheitszustände allgemeiner oder bestimmter Natur wirken, wenn auch nicht unbedingt in der gleichen Weise, auf die Kräfte und durch diese auf die innere und äußere Aura ein.

Eine örtlich begrenzte Einwirkung mag dazu führen, dass alle Streifen aus der inneren Aura verschwinden, wodurch diese undurchlässiger und dichter wird und ihre Farbe verändert. Ihr manchmal strahlenförmiges Aussehen unterscheidet sich jedoch sehr stark von den feinen Gesundheitsstreifen. Es kann sich auch ein Bereich bilden, in dem die innere Aura völlig fehlt.

Die Beeinträchtigung eines umfangreichen Körperteils mag dazu führen, dass die Aura einseitig schmäler wird, was mit einer Struktur- und Farbveränderung der inneren Aura einhergeht.

Abweichungen in der äußeren Aura kommen aufgrund der zweiten aurischen Kraft seltener vor als in der inneren Aura. Die Breite kann sich verringern, aber die Aura wird niemals völlig verschwinden; auch die Farbe kann wechseln. Wenn sich ein größerer Teil des Körpers verändert, kann dies eine vollständige Umgestaltung der äußeren Aura zur Folge haben. Sie kann schrumpfen, ohne die innere Aura zu beeinträchtigen; doch wenn die innere schrumpft, schrumpft auch die äußere Aura.

Krankheiten können die Auren verändern. Bei der Hysterie dehnt sich die äußere Aura an den Körperseiten weiter aus, zieht sich jedoch plötzlich am Schambein zusammen und wölbt sich im rückwärtigen Lendenbereich vor.

Bei der Epilepsie zeigt sich gewöhnlich eine Seite der inneren und der äußeren Aura in ihrer ganzen Länge zusammengezogen. Die innere Aura wird trüb, ihr Gewebe gröber, und die Streifenbildung verblasst oder verschwindet völlig. Die Farbe ist meistens grau.

Die Zusammenziehung der inneren Aura deutet immer auf eine schwere Krankheit hin. Manchmal kann sogar ein Riss in ihr beobachtet werden. Die innere Aura verändert sich kaum in Form und Größe, wohl aber in ihrer Struktur. Die äußere Aura nimmt häufiger eine völlig andere Form oder Größe an als die innere, aber ihr Gewebe bleibt nahezu unverändert.

Im Falle einer Krankheit zeigt sich das früheste Symptom in einer Verringerung oder dem völligen Verlust der Streifenbildung. Dadurch vergröbern sich die Körnchen, was wohl auf eine Verschmelzung kleinerer Körnchen zurückzuführen ist.

Eine gestörte innere Aura wird von einer gleichrangigen Veränderung der äußeren Aura begleitet.

Trotz einer Einstimmung der Augen mit Hilfe der Filter lassen sich Farbveränderungen in der Aura kaum erkennen. Das Farbband scheint hauptsächlich von Blau bis Grau zu reichen, wobei das Temperament und die geistigen Kräfte eine wesentlichere Rolle spielen als gesundheitliche Schwankungen. Je stärker die Mentalenergie, desto blauer wird die Aura, bei einem Mangel an diesen Kräften geht sie in Grau über.

Dr. Kilner führte einige Versuche durch, die zeigten, dass mittels Willensanstrengung nicht nur Strahlen von verschiedenen Körperteilen projiziert werden können, sondern sich auf diese Weise auch die Farbe eines Strahls oder eines Teils der Aura verändern lässt. Rote, gelbe und blaue Farben sind auf diese Art entstanden; Rot ließ sich am leichtesten und Gelb am schwierigsten herstellen.

Eine sorgfältige Studie Dr. Kilners zeigt, dass diese Ergebnisse mit denen eines Hellsehers weitgehend übereinstimmen. In mancher Hinsicht scheint er die Struktur der Aura hinsichtlich ihrer Beeinflussung durch Krankheiten genauer studiert zu haben.

Das ätherische Doppel wird offenbar auch von den Hellsehern als solches bezeichnet. Die Streifenbildung seiner inneren Aura entspricht eindeutig der Gesundheitsaura. Seine äußere Aura scheint aus den Ätherteilchen zu bestehen, denen das *Prâna* entzogen wurde, sowie anderer Äthersubstanzen aus dem Körper. Der Schüler sollte die von Dr. Kilner stammenden Umrisse der Auren mit der Gesundheitsaura in dem Buch »Der sichtbare und der unsichtbare Mensch« vergleichen.

Es ist anzunehmen, dass eine Weiterentwicklung der Methoden Dr. Kilners dazu führen könnte, (1) die ätherischen Chakras; (2) den *Prâna*-Strom in und durch den Körper; (3) das Wesen und den Aufbau des ätherischen Doppels innerhalb des Körpers mit den physischen Augen wahrzunehmen. Dr. Kilner hat die Schwierigkeit angesprochen, die Aura gegen einen fleischfarbenen Hintergrund zu sehen, was die Frage aufwirft, ob eine Färbung der Haut diesen Tatbestand erleichtern könnte.

Seiner Aussage nach hat Dr. Kilner die Untersuchungen in erster Linie durchgeführt, um die Aura als Diagnosemittel einsetzen zu können. Weitere Untersuchungen würden daher wahrscheinlich Eigenschaften enthüllen, die ebenfalls von großem wissenschaftliche Wert sind, ohne vielleicht in der Diagnostik eingesetzt werden zu können.

Aus den Beobachtungen, dass (1) ein schlechter Gesundheitszustand sich auf die Aura störend auswirkt; (2) die Äthersubstanz angrenzender Auren zusammenfließt und Strahlen bildet; (3) solche Strahlen mittels Willensanstrengung gebildet und gelenkt werden können; (4) der Wille sogar die Farbe solcher Strahlen zu bestimmen vermag, könnte man schließen, es sei nur noch ein kurzer Schritt zu dem Thema magnetischer oder mesmeristischer Heilung. Man kann nur hoffen, dass irgendein Forscher dieses interessante und wichtige Thema in einer ebenso gewissenhaften Weise untersuchen wird, wie sie Dr. Kilners Untersuchungen auszeichneten.

KAPITEL 21

ÄTHERISCHE FÄHIGKEITEN

Bei den ätherischen Fähigkeiten handelt es sich um eine Erweiterung der physischen Sinnesorgane, mittels derer man die »Schwingungen« des ätherischen Teils der physischen Ebene klar zu erkennen vermag. Solche Eindrücke werden durch die Netzhaut des Auges aufgenommen, was sich auf seine Äthersubstanz auswirkt.

In einigen außergewöhnlichen Fällen reagieren andere Bereiche des Ätherkörpers ebenso schnell oder noch schneller als das Auge. Dies beruht im Allgemeinen auf einer teilweisen astralen Entwicklung, da die empfindsamen, ätherischen Bereiche fast immer mit den Astral-Chakras in Verbindung stehen.

Es gibt im Wesentlichen zwei Formen der Hellsichtigkeit, eine niedere und eine höhere. Erstere tritt gelegentlich bei den Ureinwohnern Zentralafrikas auf. Sie äußert sich eher in einem sehr starken, unbestimmten Gefühl im gesamten Ätherkörper und weniger als eine klare, eindeutige Sinneswahrnehmung, die durch ein besonders ausgebildetes Organ übertragen wird. Es geschieht praktisch unwillkürlich. Da das ätherische Doppel in sehr enger Beziehung zu dem sympathischen Nervensystem steht, reagieren sie ungemein rasch aufeinander. Bei der niederen Form der Hellsichtigkeit liegt die entsprechende Erregung fast immer im sympathischen Nervensystem.

Im Rahmen des evolutiven Fortschritts verliert sich die unbestimmte Empfindsamkeit mit der Entfaltung der mentalen Fähigkeiten. Sobald sich der geistige Aspekt im Menschen zu rühren beginnt, gewinnt er die hellseherische Kraft wieder. Jetzt aber ist sie klar und eindeutig, untersteht dem Willen und äußert sich über ein Sinnesorgan. Jede Nerventätigkeit läuft fast ausschließlich im zerebrospinalen System ab.

Die niederen Formen übersinnlicher Veranlagung findet man am häufigsten bei Tieren und wenig intelligenten Menschen. Bei der Hysterie oder einer fehlgesteuerten übersinnlichen Veranlagung beherrscht das sympathische Nervensystem das kaum entwickelte Gehirn. Die Ganglienzellansammlungen in diesem System enthalten einen sehr großen Anteil an Äthermaterie und werden aus diesem Grunde leichter von den gröberen Astralschwingungen beeinflusst.

Das geistige Schauen kann vorübergehend durch ein *Delirium tremens* angeregt werden, so dass der Betroffene ätherische (und auch astrale) Geschöpfe sieht. Die in solchen Situationen wahrgenommenen Schlangen und anderen Schreckgespenster sind fast immer niedere Wesen, die in den Ausdünstungen von Alkoholikern schwelgen. Das ätherische Doppel ist besonders empfänglich für die flüchtigen Bestandteile des Alkohols.

Unter dem Einfluss des Mesmerismus können sich ebenfalls bisweilen hellseherische Fähigkeiten einstellen; desgleichen bei einer erhöhten Nervenanspannung, die durch Hysterie, schlechte Gesundheit, Drogen oder bestimmte Zeremonien zum Zwecke der Selbsthypnose ausgelöst wurden.

Man sollte sich jedoch nicht in einen hypnotischen Schlaf versetzen, um hellsichtige Erfahrungen zu sammeln, da die Willensbeherrschung durch eine andere Person den Eigenwillen schwächt, so das dieser gefügig wird.

Es gibt Fälle, in denen jemand das Glück hat, die Freundschaft von ätherischen Naturgeistern zu gewinnen, die ihn darin unterstützen, flüchtige hellseherische Momente zu erhaschen, damit er die kleinen Helfer vielleicht wahrnehmen kann. Um eine solche Freundschaft zu hegen, darf man nicht vergessen, dass diese Wesen dem Menschen gegenüber ausgesprochen scheu und misstrauisch sind. Sie widersetzen sich den physischen Ausdünstungen des Durchschnittsmenschen, die von Fleisch, Tabak und Alkohol herrühren. Sie lehnen aber auch niedere und selbstsüchtige Begierden, wie Wollust, Ärger und Depression, ab. Starke, selbstlose Gefühle einer höheren Natur schaffen die Art der Atmosphäre, in denen die Naturgeister gerne verweilen.

Fast alle Naturgeister lieben die Musik, und einige fühlen sich besonders von bestimmten Melodien angezogen. Leadbeater schreibt von Hirtenjungen auf Sizilien, die er beim Panflötenspiel beobachtet hat, umgeben von einer aufmerksamen Zuhörerschaft von Elfen, derer sie sich wahrscheinlich nicht einmal bewusst waren. Doch Berichten zufolge sehen einige Landleute tatsächlich solche Naturgeister.

Eine Methode, den geistigen Blick zu schulen, ist der Gebrauch der Vorstellungskraft. Mit einer Willensanstrengung stellt man sich das Innere eines physischen Objekts vor, zum Beispiel einer Schachtel, und 'rät', indem man sich darauf konzentriert zu sehen, was man mit dem normalen Auge nicht sehen könnte. Nach wiederholten Versuchen soll das 'Raten' angeblich häufiger richtig sein, als die Wahrscheinlichkeitstheorie erwarten ließe. Man beginnt also das, was man sich am Anfang nur vorgestellt hat, tatsächlich wahrzunehmen. Angeblich wird diese Übung bei den Zuni-Indianern in Amerika durchgeführt.

Viele Menschen, die sich der Mühe unterziehen, genau hinzuschauen, werden unter den entsprechenden Lichtverhältnissen die Magnetflüssigkeit, den Nervenäther, erkennen, der den Händen eines Heilmagnetiseurs entströmt. Mitte des neunzehnten Jahrhunderts berichtete Baron Reichenbach von sechzig Leuten, die diese Ausstrahlungen sahen. Einige von ihnen nahmen vergleichbare Emanationen an physischen Magneten, Kristallen und einem Kupferdraht wahr, von dem das eine Ende dem Sonnenlicht ausgesetzt wurde. Die Beobachter saßen gewöhnlich mehrere Stunden lang in einem geschlossenen dunklen Raum, um die Netzhaut zu sensibilisieren.

Es wird berichtet, dass einige französische Wissenschaftler die so genannten »N-Strahlen« erst sehen konnten, nachdem sie drei bis vier Stunden in einem dunklen Raum zugebracht hatten. Die »N-Strahlen« beruhen auf Schwingungen im ätherischen Doppel, die Wellen in der Umgebung hervorrufen. Der Leser wird sich erinnern, dass »N-Strahlen« von Tieren, Blumen und Metallen ausgesandt werden, die unter dem Einfluss von Chloroform die Ausstrahlung aber einstellen. Sie werden auch niemals von einem Leichnam ausgeströmt. Wie bereits erwähnt, treiben Narkosemittel, wie Chloroform, die Äthermaterie aus dem Körper und verhindern dadurch eine Emanation der Strahlen.

Ein Mensch, der das geistige Schauen vollkommen beherrscht, kann durch die physische Materie hindurchsehen – eine Ziegelsteinmauer scheint die Beschaffenheit eines leichten Dunstes zu besitzen; der Inhalt einer verschlossenen Schachtel kann beschrieben und ein versiegelter Brief gelesen werden. Mit ein bisschen Übung kann man sogar einen bestimmten Absatz in einem geschlossenen Buch finden.

Vollkommen entwickelt, vermag diese Fähigkeit willentlich eingesetzt zu werden. Man sagt, der Wechsel vom gewöhnlichen Sehen zum geistigen Schauen sei ebenso leicht wie das Augenmerk zu verlagern, da es sich im Grunde genommen um eine Konzentration des Bewusstseins handelt.

Dem geistigen Blick erscheint die Erde bis zu einem gewissen Grad durchscheinend, so dass man in eine beachtliche Tiefe schauen kann, als sehe man in klares Wasser. Ein nicht allzu tief unter der Erdoberfläche verborgenes Lebewesen, eine Kohlen- oder Metallader werden daher sichtbar. Das Medium, durch das wir blicken, ist demnach nicht völlig lichtdurchlässig.

Die Körper von Mensch und Tier sind im Wesentlichen durchsichtig, so dass die Bewegungen der inneren Organe sichtbar werden und man bis zu einem gewissen Grad auf diese Weise Krankheiten zu diagnostizieren vermag.

Dem geistigen Auge zeigen sich viele Wesen, wie die niederen Ordnungen der Naturgeister, die einen Ätherkörper besitzen. Zu dieser Klasse gehören fast alle Elfen, Gnome und Zwerge, über die man sich viele Geschichten im schottischen Hochland, in Irland und anderen Ländern erzählt.

Die Erdoberfläche wird von einer Gruppe wunderschöner Elfen in ihren Ätherkörpern bewohnt, die die Evolutionsleiter über Gräser, Getreidepflanzen, Ameisen, Bienen und winzige Naturgeister emporgestiegen sind. Nach ihrer Zeit als Ätherwesen werden sie Salamander oder Feuergeister, dann Sylphen oder Luftgeister und noch später steigen sie in das Reich der Engel empor.

Die Naturgeister besitzen vielerlei Gestalt, am häufigsten aber gleichen sie kleinen Menschen, doch oft mit grotesk übertriebenen, besonderen Merkmalen oder Gliedern. Da sich die Äthersubstanz formen lässt, kann sie aufgrund von Gedankenkraft Gestalt annehmen und willentlich in fast jedes Erscheinungsbild gebracht werden. Dennoch besitzen diese Wesen ihr eigenes Aussehen, in das sie sich normalerweise kleiden.

Um eine andere als seine eigene Gestalt anzunehmen, muss sich ein Naturgeist ein klares Bild davon vor Augen halten und sich darauf konzentrieren. Sobald dieser Gedanke abschweift, wird er augenblicklich wieder in sein natürliches Aussehen verfallen.

Die Äthersubstanz gehorcht der Gedankenkraft nicht so unmittelbar wie dies bei der Astralmaterie der Fall ist. Man könnte sagen, die Mentalsubstanz verändert sich in Gedankenschnelle, die astrale so rasch, dass der gewöhnliche Beobachter kaum einen Unterschied feststellen kann, doch bei der Äthermaterie kann man das Wachstum oder die Abnahme ohne Schwierigkeit verfolgen.

Eine astrale Sylphe wechselt blitzartig von einer Gestalt in die andere; eine ätherische Elfe bauscht sich rasch auf und fällt wieder zusammen, aber nicht augenblicklich.

Wenn auch nicht allzu strenge, so gibt es doch Grenzen für eine Ätherelfe, ihre Gestalt zu verändern. So könnte sie ihre Normallänge von dreißig Zentimetern bis zu einem Meter achtzig erweitern, doch nur unter größter Anstrengung und höchstens für wenige Minuten.

Anstatt nach dem Verlassen des Mineralreichs in das Pflanzenreich überzugehen, hüllt sich einer der Evolutionströme des Lebens in Ätherkörper, die das Erdinnere bevölkern und tatsächlich im Felsen wohnen, der weder ihre Bewegung noch ihre Sicht behindert. Auf einer späteren Stufe, obwohl noch im Felsen, hausen sie nahe der Erdoberfläche, und die Fortgeschittensten unter ihnen können sich gelegentlich kurzfristig von ihm lösen. Diese Gnome, die manchmal gesehen und vielleicht noch häufiger in Höhlen oder Minen gehört worden sind, werden entweder sichtbar, indem sie sich materialisieren, zu welchem Zwecke sie einen Schleier physischer Materie um sich ziehen, oder weil der Zuschauer sie vorübergehend mit seinen inneren Augen wahrnimmt.

Einige Ätherformen des niederen Typs sind für die ästhetischen Sinne nicht gerade angenehm. Es gibt gestaltlose Massen mit riesigen, klaffenden Mäulern, die aus den ekelhaften ätherischen Ausstrahlungen von Blut und verwesendem Fleisch leben; des Weiteren gierige, rotbraune Krustengeschöpfe, die über Freudenhäusern hängen und wilde, polypenartige Scheusale, die sich an den Orgien der Alkoholiker weiden und in den alkoholischen Ausdünstungen schwelgen.

Jene Wesen, die als »Stammesgötter« gelten, denen man blutige Opfer darbringt oder für die Nahrungsmittel, vorzugsweise aus Fleisch, verbrannt werden, sind sehr niedere Geschöpfe in ätherischen Hüllen, denn nur über einen Ätherkörper vermögen sie die physischen Rauchschwaden aufzunehmen und Nahrung oder Vergnügen aus ihnen zu ziehen.

Jene Geschichten, die man sich gerne erzählt, wonach auf den Augen aufgetragene Salben oder Drogen den Menschen befähigen, Zwerge zu sehen, bergen eine gewisse Wahrheit. Natürlich könnte keine Einreibung den astralen Blick öffnen, doch über den ganzen Körper verteilt, unterstützen einige Salben den Astralkörper, die physische Hülle bei vollem Bewusstsein zu verlassen. Die Anwendung auf den physischen Augen mag durchaus den geistigen Aspekt des Sehens anregen.

Dadurch könnte das ätherische Doppel des Menschen wahrgenommen werden, wie es häufig über frischen Gräbern hängt, bei spiritistischen Sitzungen aus der linken Körperseite des Mediums quillt und auf welche Weise die kommunizierenden Wesenheiten Gebrauch von ihm machen.

Der geistige Blick enthüllt mehrere völlig neue Farben, die sich von unserem Sonnenspektrum stark unterscheiden und deshalb nicht beschreiben lassen. In manchen Fällen verbinden sich jene Farben mit denen, die wir kennen, so dass zwei Oberflächen, die dem gewöhnlichen Auge als völlig zueinander passend erscheinen, dem inneren Blick ein gänzlich anderes Bild bieten.

Dem Chemiker öffnete sich eine völlig neue Welt, und er könnte mit Äther so arbeiten wie jetzt mit Flüssigkeiten oder Gasen.

Es gibt viele Äthersubstanzen, die dem Mineralreich angehören und die der westlichen Wissenschaft unbekannt sind. Selbst die Körper der Menschen der ersten Runde gestalteten sich nur aus Äthersubstanz und glichen unklaren, dahingleitenden und fast formlosen Wolken.

Das geistige Sehen gäbe uns Aufschluss über den Zustand unseres Umfelds, und wir könnten Krankheitserreger und andere Unreinheiten erkennen.

Die nutzbringenden Auswirkungen von Reisen beruhen teilweise auf dem Wechsel der ätherischen und astralen Einflüsse der Orte und Regionen. Meer, Gebirge, Wald oder Wasserfall – jedes Gebiet besitzt seinen eigenen spezifischen Lebenstypus auf ätherischer, astraler und sichtbarer Ebene, was ganz bestimmte Eindrücke und Einflüsse hervorruft. Viele dieser unsichtbaren Wesen strömen Vitalität aus, und die von ihnen ausgehenden Schwingungen erwecken auf jeden Fall ungewohnte Bereiche im ätherischen Doppel des Menschen. Die Auswirkungen auf astraler und mentaler Ebene gleichen einem Muskeltraining, im Augenblick ermüdend, doch auf lange Sicht gesehen sehr erfrischend und gesund. Sportarten wie Rudern und Schwimmen im offenen Meer dienen diesem Zweck ganz besonders.

Die Überlieferung, mit dem Kopf gegen Norden unter einem Pinienbaum zu schlafen, wirke sich kräftigend aus, trifft in gewisser Weise zu. Die beständig durch die Erdoberfläche laufenden Magnetströme kämmen unter gleichmäßig sanftem Druck die Verschlingungen allmählich aus und kräftigen die Teilchen des Astral- und Ätherkörpers und bewirken auf diese Weise Ruhe und Erholung. Die Ausstrahlungen der Pinie machen den Menschen für die Magnetströme empfänglich, und der Baum wirft außerdem Vitalität ab, die der Mensch in diesem Zustand leicht aufzunehmen vermag.

Es gibt eine Art magnetischer Gezeiten, ein Ein- und Ausströmen der Magnetenergie zwischen Sonne und Erde, deren Wendepunkte am Mittag und um Mitternacht liegt.

Die großen Ätherströme, die ständig von Pol zu Pol über die Erdoberfläche hinwegstreichen, sind so gewaltig, dass ihre Macht ebenso unaufhaltsam ist wie die steigende Flut. Es gibt Methoden, mittels derer diese riesige Kraft gefahrlos eingesetzt werden kann, doch ungeschickte Versuche, sie beherrschen zu wollen, sind mit größten Gefahren verbunden. Es besteht also die Möglichkeit, diese ungeheure Macht ätherischen Drucks brauchbar zu machen.

Durch eine Verfeinerung der Materie kann der unermessliche Vorrat schlummernder, potentieller Energie freigesetzt und genutzt werden, ähnlich wie eine Zustandsänderung der sichtbaren Materie die Energie gebundener Wärme freigibt.

Eine Umkehrung dieses Prozesses ermöglicht es, die Materie vom festen in den ätherischen Zustand zu bringen und auf diese Weise das Phänomen der »Materialisation« zu bewirken.

Dieser Möglichkeit wird sich manchmal in Notfällen bedient, in denen ein Mann in seinem Astralkörper, ein »unsichtbarer Helfer«, ein Mittel braucht, um auf physischer Ebene tätig sein zu können. Dazu bedarf es einer starken, anhaltenden Konzentrationskraft, und der Geist darf nicht den Bruchteil einer Sekunde abschweifen, sonst fliegt die Substanz der Materialisation augenblicklich wieder zurück in ihren ursprünglichen Zustand.

Der Grund, weshalb ein physischer Gegenstand, der in seinen ätherischen Zustand verwandelt worden war, in seine frühere Form zurückgebracht werden kann, liegt darin, dass die Elementaressenz in der gleichen Form bewahrt bleibt. Wird dann die Willenskraft entfernt, wirkt die Essenz als Kern, um den die sich verdichtenden Teilchen sich wieder ansammeln. Wird jedoch ein Festkörper mittels Hitze in den gasförmigen Zustand erhoben, entweicht die Elementaressenz. Sie selbst wird nicht von der Hitze betroffen, aber wenn ihr vorübergehend fester Körper zerstört wird, fließt sie wieder in das große Reservoir solcher Essenz zurück, vergleichbar mit den höheren Prinzipien des Menschen, die, obwohl völlig unberührbar durch Kälte oder Hitze, aus dem physischen Körper ausgetrieben werden, wenn das Feuer ihn zerstört.

Auf diese Weise können physische Gegenstände in ihren ätherischen Zustand reduziert und sogar durch feste Materie, wie eine Ziegelsteinmauer, mittels einer Astralströmung mit großer Geschwindigkeit von einem Ort zum anderen getragen werden. Sobald die zersetzende Kraft abgezogen wird, muss die Materie aufgrund des ätherischen Drucks zwangsläufig in den alten Zustand zurückfallen.

Eine sich entwickelnde ätherische Empfindsamkeit, abgesehen vom geistigen Schauen, verändert gleichzeitig die entsprechenden Sinnesorgane. Astrologen behaupten daher, dass planetarische Einflüsse durch die Ausdehnung oder das Zusammenziehen der Ätheratmosphäre mehr oder weniger günstige Meditationsbedingungen schaffen.

Räucherwerk soll sich auf den Ätherkörper in ähnlicher Weise auswirken wie Farben auf den Astralkörper und daher die inneren Hüllen des Menschen rasch in Harmonie versetzen. Gewisse Düfte scheinen bestimmte Gehirnregionen anzusprechen.

Das ätherische Sehen unterscheidet sich von dem astralen Schauen, das ein völlig neues Element aufweist, die so genannte vierte Dimension. Bei einem Würfel könnten alle Seiten und alle in ihm enthaltenen Teilchen gleichzeitig gesehen werden.

Der ätherische Blick schaut bloß durch die Dinge hindurch, wobei die Dicke der Materie im Hinblick auf die Klarheit des Erkennens eine große Rolle spielt. Beim astralen Sehen erübrigen sich derartige Überlegungen.

Bei der Vergrößerung werden Eindrücke von der Äthersubstanz der Netzhaut direkt zum ätherischen Gehirn übermittelt; der Brennpunkt der Aufmerksamkeit liegt in einem oder mehreren Ätherteilchen, wodurch eine entsprechende Größe des winzigen Gegenstands der Betrachtung erreicht wird.

Eine gebräuchlichere Methode, die allerdings eine höhere Entwicklung voraussetzt, besteht darin, einen flexiblen Kanal aus Äthersubstanz, an dessen Ende ein als Linse dienendes Atom sitzt, vom Zentrum des Stirn-Chakras auszusenden. Bei einem solchen Atom müssen alle sieben Spirillen voll entwickelt sein. Es kann unter Einsatz des Willens erweitert oder verengt werden. Diese Kraft gehört zum Kausalkörper. Wenn daher ein Ätheratom die Linse bildet, bedarf es einer Reihe reflektierender Ergänzungen.

Aufgrund einer weiteren Ausdehnung derselben Kraft kann man diese auf fern gelegene Punkte konzentrieren, indem man sein Bewusstsein auf die Linse richtet.

Unterschiedlich eingestellt, kann dieselbe Kraft zu Verkleinerungszwecken eingesetzt und die Übergröße in die Dimension des gewöhnlichen Blicks gezogen werden.

Diese Kraft hat man als kleine Schlange auf der Stirn im Kopfschmuck der ägyptischen Pharaonen dargestellt.

Die Hellsichtigkeit, die Verstorbene bei spiritistischen Sitzungen zeigen und die es ihnen ermöglicht, Passagen aus geschlossenen Büchern zu lesen, ist größtenteils ätherischer Natur.

Dies gilt auch für eine der unterschiedlichen Telepathie-Arten, die zwei Formen annehmen kann. Zunächst wird ein ätherisches Bild geschaffen, das vom Hellseher wahrgenommen werden kann. In dem Augenblick, in dem die Ätherwellen, die dieses Bild hervorbringt, ausstrahlen und auf ein anderes ätherisches Gehirn treffen, neigen sie dazu, dasselbe Bild darin neu zu bilden.

Das Organ, das für die Gedankenübertragung im Gehirn verantwortlich ist, die Gedanken überträgt und sie empfängt, liegt in der Zirbeldrüse. Wenn sich irgendjemand intensiv mit einem Gedanken beschäftigt, entstehen Schwingungen im Äther, die diese Drüse durchdringen und dabei eine magnetische Strömung verursachen, die ein leichtes Beben oder ein kribbelndes Gefühl hervorrufen. Dieses Gefühl deutet darauf hin, dass der Gedanke klar und stark genug ist, um übertragen zu werden. Bei den meisten Menschen ist die Zirbeldrüse noch nicht vollständig entwickelt, was erst im Laufe der Evolution geschehen wird.

Den Schülern der Esoterik ist ein Vorgang geläufig, bei dem Lichtstrahlen gebeugt werden, die ihre Bahn wieder genau wie vorher aufnehmen, nachdem sie einen Gegenstand umrundet haben. Das würde bedeuten, dass der Gegenstand rund ist und die Strahlen unsichtbar für den gewöhnlichen Blick gebeugt wurden. Man kann annehmen, dass dieses Phänomen auf einer Kraft beruht, die diese spezielle Form ätherischer Substanz, nämlich das Medium für die Lichtübertragung, manipulierte.

KAPITEL 22

MAGNETISIERUNG VON GEGENSTÄNDEN

Es ist möglich, dass jemand seinen Magnetismus oder seine Nervenflüssigkeit nicht nur gebraucht, um andere Menschen zu mesmerisieren oder zu heilen, sondern auch, um physische Gegenstände damit zu durchdringen. Jeder Gegenstand, der eng mit einem Individuum verbunden gewesen ist, wird dessen Magnetismus aufnehmen und dazu neigen, der Person, die ihn trägt, etwas von demselben Gefühls- oder Gedankenzustand, mit dem er aufgeladen ist, zu übertragen. Dies ist ein Teil der rationalen Erklärung für Talismane, Amulette und Reliquien sowie für Gefühle der Hingabe und ehrfürchtigen Scheu, die manchmal buchstäblich aus den Wänden von Kathedralen und Kirchen strömen. Jeder Stein stellt einen Talisman dar, aufgeladen mit der Ehrfurcht und Hingabe des Erbauers, geweiht von einem Bischof und im Laufe von Tausenden von Jahren verstärkt durch die Gedankenformen von Generationen gläubiger Menschen.

Dieser Vorgang spielt sich laufend ab, obwohl sich nur wenige dessen bewusst sind. Nahrungsmittel laden sich leicht mit dem Magnetismus derer auf, die mit ihnen umgehen oder sich ihnen nähern. Auf diesen Sachverhalt gründet sich die strenge Regel der Hindus, keine Nahrungsmittel in Gegenwart der niederen Kaste oder solche, die von dieser berührt worden sind, zu sich zu nehmen. Für den Esoteriker ist die magnetische Reinheit ebenso wichtig wie körperliche Sauberkeit. Nahrungsmittel, wie Brot und Gebäck, werden besonders leicht mit dem Magnetismus derjenigen aufgeladen, die sie zubereiten, da der Magnetismus am stärksten aus den Händen fließt. Glücklicherweise beseitigt das Feuer, auf dem sie gebacken oder gekocht werden, die meisten Arten von physischem Magnetismus. Um eine Vermischung von Magnetismus zu vermeiden, bestehen einige Schüler darauf, nur ihr persönliches Besteck zu benutzen und lassen sich auch ihre Haare nur von jemandem schneiden, dessen Magnetismus ihnen zusagt, da es sich beim Kopf natürlich um den Körperteil handelt, bei dem ein fremder Magnetismus am wenigsten wünschenswert wäre.

Bücher, vor allem aus öffentlichen Bibliotheken, laden sich mit den verschiedensten Magnetismen auf.

Kostbare Steine, die höchste Evolutionsstufe des Mineralreichs, besitzen eine sehr große Kraft, Eindrücke aufzunehmen und sie zu bewahren. Viele Edelsteine sind durchtränkt mit Gefühlen von Neid und Gier. Einige historische Juwelen sind erfüllt von physischen und anderen Ausstrahlungen, die mit Verbrechen in Zusammenhang stehen, die begangen wurden, um diese Steine zu besitzen. Tausende von Jahren bewahren solche Juwelen diese Eindrücke in unverminderter Stärke, so dass Hellseher Bilder unbeschreiblichen Schreckens in ihrem Umfeld wahrnehmen. Aus diesem Grunde stehen die Esoteriker dem Tragen von solchen Edelsteinen in vielen Fällen ablehnend gegenüber.

Andererseits können Edelsteine machtvolle Speicher guter und wünschenswerter Einflüsse darstellen. Die Steine der alten Gnostiker, die während der Einweihungszeremonien vor fast zweitausend Jahren verwendet wurden, haben bis heute ihren mächtigen magnetischen Einfluss nicht verloren. Manch ein ägyptischer Skarabäus besitzt immer noch seine Wirksamkeit, obwohl sie viel älter sind als die gnostischen Edelsteine.

Geld in Form von Münzen und Scheinen ist häufig mit höchst unangenehmem Magnetismus aufgeladen. Es nimmt nicht nur die verschiedensten Arten auf, sondern ist zusätzlich noch von den

Gedanken und Gefühlen derjenigen umgeben, die es verwendet haben.

Die störende und beunruhigende Wirkung solcher Emanationen auf den Astral- und Mentalkörper hat man mit den Folgen eines radioaktiven Aufpralls auf den physischen Körper verglichen. Die größten Übeltäter sind die Kupfer- und Bronzemünzen und alte, schmutzige Geldscheine. Nickel ist weniger empfänglich für schlechte Einflüsse als Kupfer, aber Silber und Gold sind in dieser Hinsicht noch besser.

Das Bettzeug bildet ein weiteres Beispiel für Gegenstände, die magnetische Einflüsse aufnehmen und ausstrahlen. Viele Leute haben beobachtet, dass unangenehme Träume auf ein Kopfkissen zurückzuführen sind, auf denen jemand mit einem unangenehmen Charakter geschlafen hat. Wolle sollte nicht mit der Haut in Berührung kommen, da sie animalische Schwingungen enthält.

Um bewusst einen Talisman herzustellen, muss man den Gegenstand zunächst von seiner anhaftenden Äthersubstanz sorgfältig reinigen, indem man ihn durch einen Ätherfilm zieht, der zu diesem Zweck willentlich geschaffen wurde. Wenn die alte Äthersubstanz oder der Magnetismus auf diese Weise entfernt worden ist, wird er durch den gewöhnlichen Äther aus der umgebenden Atmosphäre ersetzt; denn es gibt einen ätherischen Druck, der in gewisser Weise, wenn auch weitaus kraftvoller, demjenigen der Atmosphäre entspricht.

Danach geht man in ähnlicher Weise mit der Astral- und Mentalsubstanz vor, wodurch der Gegenstand sozusagen zum leeren Blatt wird, auf das man schreiben kann, was man will. Dann legt man seine rechte Hand auf den Gegenstand, füllt sich mit den besonderen Eigenschaften, die man auf den Talisman übertragen möchte und lässt sie willentlich hineinfließen. Ein geschulter Esoteriker vermag den gesamten Vorgang mittels starker

Willensanstrengung fast augenblicklich durchzuführen, andere werden ein wenig länger dafür brauchen.

Neben diesen allgemeinen Talismanen gibt es noch die angepassten, die man in besonderer Weise auflädt, um den Erfordernissen eines Individuums gerecht zu werden, vergleichbar mit einer individuellen Verschreibung anstelle eines allgemeinen Tonikums. Ein beseelter Talisman soll jahrhundertelang eine Quelle der Ausstrahlung sein. Es gibt zwei Arten von ihnen. Im einen Fall wird der Splitter eines höheren Minerals hineingelegt, der ununterbrochen Teilchen ausströmt. Diese Teilchen werden mit der in dem Talisman gespeicherten Kraft aufgeladen. Das Mineral selbst ist also für die Verteilung verantwortlich und geht somit sehr sparsam mit der Energie um.

Bei der anderen Art werden die Inhaltsstoffe so angeordnet, dass sie der Manifestation einer der Klassen unentwickelter Naturgeister dienen, die dann die Kraft zur Verteilung des Einflusses bereit stellen. Solche Talismane können Tausende von Jahren halten, zum Entzücken der Naturgeister und zum Vorteil jener, die in die Nähe solcher Magnetzentren treten.

Ein gekoppelter Talisman wird in einer Weise magnetisiert, dass er in enger persönlicher Beziehung zu seinem Hersteller steht, um sozusagen als Außenposten seines Bewusstseins zu wirken. Der Träger könnte also einen Hilfeschrei aussenden oder sein Hersteller den Träger beeinflussen. Ein solcher Talisman würde die so genannte »Fernheilung« unterstützen.

In seltenen Fällen mag ein Talisman mit dem Kausalkörper eines Adepten verbunden sein, so wie jene Talismane, die Apollonius von Tyana vor etwa neunzehnhundert Jahren in mehreren Ländern vergrub, damit die von ihnen ausgehenden Kräfte jene Orte vorbereiten sollten, die in der Zukunft die Zentren großer Ereignisse werden würden. Einige dieser Zentren sind bereits benutzt worden, andere werden in naher Zukunft im Zusammenhang mit dem Wiederkommen Christi ihren Einsatz finden.

Bedeutende Heiligtümer werden gewöhnlich dort errichtet, wo fromme Menschen lebten, wo große Ereignisse, wie etwa Einweihungen, stattfanden oder wo sich die Reliquie einer erhabenen Person befindet. In jedem Fall wurde ein machtvolles magnetisches Zentrum geschaffen, das über Jahrtausende hin bestehen bleiben wird. Selbst wenn es sich nicht unbedingt um eine sehr kraftvolle oder nicht einmal um eine echte 'Reliquie' handeln sollte, würde das hingebungsvolle Gefühl, dass unzählige Besucher jahrhundertelang hineingelegt haben, den Ort zu einem aktiven Zentrum Segen bringender Ausstrahlung machen. Solche Stätten wirken sich fraglos sehr positiv auf Besucher und Pilger aus.

Wie bereits erwähnt, eignen sich Edelsteine von Natur aus für Talismane oder Amulette. Die Rudraksha-Beere, die in Indien oft zur Herstellung von Ketten verwendet wird, lässt sich hervorragend magnetisieren, wenn spirituelle Gedanken und Meditation erforderlich sind und störende Einflüsse fern gehalten werden sollen. Die aus der Tulsi-Pflanze gefertigten Perlenschnüre bieten ein weiteres Beispiel, obgleich ihr Einfluss anders geartet ist. Eine interessante Gruppe natürlicher Talismane sind Produkte, die starke Düfte verströmen. Das Gummiharz, aus dem der Weihrauch gewonnen wird, kann für spirituelle und hingebungsvolle Gedanken verwendet werden. Die Hexen des Mittelalters mischten oft bestimmte Inhaltsstoffe, um die gegenteilige Wirkung zu erzielen.

Ein geschulter Esoteriker macht es sich zur Regel, alles, was von ihm zu anderen geht, positiv aufzuladen: Bücher, Briefe oder Geschenke. Selbst einen maschinengeschriebenen Brief vermag er willentlich weitaus wirkungsvoller aufzuladen als jemand, der ihn mit der Hand schreibt, um diese Wahrheiten aber nicht weiß.

Mit einer einzigen Handbewegung, verbunden mit einem starken Gedanken, können Nahrungsmittel, Kleidung, Bettzeug, Räume und so fort augenblicklich entmagnetisiert werden. Obwohl der von außen kommende Magnetismus beseitigt wird, bleibt der dem Objekt innewohnende Magnetismus erhalten, wie die unangenehmen Schwingungen von totem Fleisch, die selbst beim Kochen nicht zerstört werden.

Eine Entmagnetisierung von Räumen mag durch das Abbrennen von Räucherwerk und das Versprühen von Wasser unterstützt werden; diese Hilfsmittel sollte man jedoch zuvor wie die Talismane behandeln.

Da die physische Materie im Menschen in engster Verbindung mit der astralen und mentalen Substanz steht, ruft Grobheit und Roheit im physischen Körper zwangsläufig einen entsprechenden Zustand in den übrigen Körpern hervor, weshalb die körperliche Sauberkeit ebenso wichtig ist wie die magnetische oder ätherische Reinheit.

Das »Weihwasser« einiger christlicher Kirchen bietet ein gutes Beispiel für die Magnetisation, wobei sich Wasser leicht aufladen lässt. Die Anweisungen der römischen Kirche geben eindeutig zu verstehen, dass der Priester zuerst Salz und Wasser »exorzieren« muss, um sie von allen negativen Einflüssen zu reinigen. Mit dem Zeichen des Kreuzes »segnet« er die Elemente und gießt seinen eigenen Magnetismus in sie hinein, wobei er seinen Willen darauf ausrichtet, alle üblen Gedanken und Gefühle zu vertreiben.

Salz enthält das »feurige« Element Chlor, weshalb die Kombination von Wasser, dem starken Zersetzer und Feuer, dem gewaltigen Verzehrer, ein höchst wirksames Reinigungsmittel darstellt.

Zahlreichen anderen Zeremonien der Christenkirche liegen ähnliche Vorstellungen zugrunde; bei der Taufe wird das Wasser mit dem Kreuzzeichen gesegnet; es gibt die Weihen von Kirchen, Friedhöfen, der Altargefäße und Priestergewänder, der Glocken und des Weihrauchs; außerdem Konfirmationen, Priesterweihen und Bischofskonsekrationen.

Der Eucharistiewein besitzt einen sehr starken Einfluss auf die höheren Astralebenen, während das Wasser sogar ätherische Schwingungen aussendet.

In der liberal-katholischen Kirche macht der Priester bei der Taufe ein Kreuzzeichen über der Stirn, der Kehle, dem Herzen und dem Sonnengeflecht des Kindes. Dadurch werden die ätherischen Chakras geöffnet, so dass sie sich vielleicht bis zur Größe eines Kronenstücks entfalten, funkeln und drehen wie bei einem Erwachsenen.

Sobald das magnetisierte Wasser die Stirn berührt, bringt es die Äthersubstanz heftig ins Schwingen, regt das Gehirn an und beinflusst über die Hypophyse den Astral- und durch diesen den Mentalkörper.

Wenn der Priester später das Haupt mit Chrisam salbt, wird das Scheitel-Chakra zu einer Art Sieb, das die groben Gefühle, Einflüsse und Teilchen zurückweist; durch eine Willensanstrengung schließt er die vier Zentren wieder, die sich geöffnet haben.

Bei der Konfirmation spiegelt sich die auf das Âtman-Prinzip ausgeübte Wirkung im ätherischen Doppel wider.

Bei der Priesterweihe soll der Weg zwischen den höheren Prinzipien und dem physischen Gehirn geläutert werden; der Segen durchflutet das ätherische Gehirn und soll durch die Hypophyse, dem engsten Verbindungspunkt zwischen dem grobstofflichen, ätherischen und astralen Körper, emporsteigen.

Die Salbung des Bischofs beabsichtigt, auf das Brahmarandhra-Chakra einzuwirken. Anstatt der üblichen napfförmigen Vertiefung wird es zu einem Kegel, wie wir es häufig bei Statuen des Buddha sehen.

Die Weihe des Klerus soll sich in erster Linie auf den Ätherkörper auswirken, auf den des Torhüters auf der astralen, den des

Lektors auf der mentalen und den des Exorzisten auf der kausalen Ebene. Der Exorzist wird bei der Ordination unterstützt, seine Heilkräfte zu stärken.

Die Salbung der Sinnesorgane, die die römische Kirche durchführt, scheint einem alten Brauch zu entstammen, bei dem die Chakras eines sterbenden Menschen versiegelt werden, damit nicht unerwünschte Wesen von dem verlassenen Körper Besitz ergreifen und ihn für Zwecke übler Magie benutzen.

Wahrscheinlich könnten viele Nervenleiden und geistige Erkrankungen durch Salbung mit geweihtem Öl gelindert oder geheilt werden.

Die Ätherenergie, die von den geweihten Edelsteinen im Knauf des Bischofsstabs ausstrahlt, besitzt eine solche Kraft, dass es durchaus möglich wäre, eine physische Heilung zu erzielen, wenn man mit ihr in Berührung käme.

Die mittelalterlichen Alchimisten wandten ähnliche Methoden an, wenn sie ihre magnetisierten Schwerter, Drogen und dergleichen benutzten. In den antiken Mysterien stellte der Thyrsus ein machtvolles magnetisiertes Instrument dar, das gegen das Rückgrat des Kandidaten gelehnt wurde, um ihm auf diese Weise etwas von dem Magnetismus zu übertragen, mit dem es aufgeladen war.

KAPITEL 23

EKTOPLASMA

Unter Ektoplasma versteht man eine Materie, die vorwiegend oder völlig ätherischer Natur ist und die von einem Medium ausströmt und für die Bildung von Phänomenen bei spiritistischen Sitzungen verwendet wird. Das Wort stammt von dem griechischen *ektos* (außerhalb) und *plasma* (Form) und bedeutet: »Das, was außerhalb des menschlichen Körpers gebildet wird.«

In seinen Büchern *The Reality of Psychic Phenomena* (1916), *Experiments in Psychical Science* (1918) und *Psychic Structures* (1921) beschreibt W.J. Crawford seine genauen und meisterhaft durchgeführten Untersuchungen solcher Phänomene wie Tischrücken, Levitationen oder Klopfzeichen.

Crawford, der sich dem Problem aus rein mechanischer Sicht näherte, setzte dementsprechende Messapparate ein und konnte von seinen Beobachtungen die Entstehungsweise der feinstofflichen Strukturen ableiten. Sehr viel später war es ihm dann möglich, seine Schlussfolgerungen durch direktes Sehen und Fotografieren zu bestätigen.

Man stellte also fest, dass das aus dem Medium strömende Ektoplasma von dem »Ausführenden«, der die Bildung der Phänomene leitete, vorbereitet und in so genannte »Stränge« geformt wurde. Diese Stränge oder Stäbe sind mit einem Ende an dem Medium und mit dem anderen Ende durch Saugwirkung an einem Tischbein oder an anderen Gegenständen befestigt. Mittels übersinnlicher Kraft, die durch diese Stäbe geleitet wird, bewegen sich Tische und dergleichen in verschiedener Weise, ohne mit irgendeiner Person im Raum in körperlichem Kontakt zu sein. Klopfzeichen und andere Geräusche entstehen dadurch, dass die Stäbe auf den Boden, den Tisch oder eine Glocke schlagen.

Der weitaus größte Anteil des Ektoplasmas stammt gewöhnlich von dem Medium, der Rest wird den Anwesenden entzogen.

Obwohl es für das physische Auge nicht sichtbar ist, kann man es spüren. Es soll sich feuchtkalt, reptilienartig und fast ölig anfühlen, so als ob die Luft mit Teilchen von toter, unangenehmer Substanz erfüllt wäre.

Die von dem Medium ausgehenden Stränge besitzen an den Gliedmaßen unterschiedliche Dicke, die von etwa einem bis zu siebzehn oder fast zwanzig Zentimetern reichen. Die losen Enden scheinen unterschiedliche Formen und Härtegrade annehmen zu können. Sie sind flach, gekrümmt, rund oder eiförmig und können weich wie Babyhaut oder hart wie Eisen sein. Einige Zentimeter von den freien Enden entfernt, fühlt sich der Körper des Stabs fest an, doch dann lässt er sich nicht mehr greifen; er scheint sich zu widersetzen, zu ziehen, zu stoßen, auszuscheren und sich zu drehen.

Dennoch kann man in diesem nicht greifbaren Bereich einen von dem Medium ausgehenden Strom von kalten, sporenähnlichen Teilchen fühlen. Man muss annehmen, dass es, abgesehen von den Fällen der Levitation, einen vollständigen Kreislauf gibt, bei dem die Äthersubstanz aus dem Medium strömt und an einer anderen Körperstelle wieder hineinfließt. Was den Härtegrad und den Umfang der Stabenden betrifft, lassen sich diese Merkmale auf Befehl verändern. Während die größeren Stäbe an den Enden meistens sehr weich sind, verdichten und verhärten sich die kürzeren Stränge.

Crawford nimmt an, dass die Stränge aus einem Bündel feiner Fäden bestehen, die eng aneinanderhängen. Die hindurchfließende, übersinnliche Kraft versteift den gesamten Aufbau zu einem starren Längsträger, der sich dann, je nach Wunsch, im Körper des Mediums bewegen kann.

Bestimmte Versuche lassen darauf schließen, dass das Ende eines Stabs aus einem dicken, mehr oder weniger elastischen Film oder einer Haut besteht, der über einen dünnen, ein wenig gezackten, elastischen Rahmen gespannt ist. Wenn dieser Film, dessen Elastizität begrenzt zu sein scheint, überbeansprucht wird, reißt er und der sägeförmige Rahmen liegt bloß.

Die Tatsache, dass ein Elektroskop durch die Berührung mit einem Stab entladen werden kann, zeigt, dass der Stab als Hochspannungsleiter dient, der sich durch den Körper des Mediums, an den er befestigt ist, zur Erde entlädt. Andererseits aber bringt er eine Glocke nicht zum Erklingen, die innerhalb eines Stromkreises liegt, über dessen Enden man ihn gelegt hat, was beweist, dass er sich Strömungen niederer Spannung widersetzt.

Weißes Licht zerstört gewöhnlich die Stabbildungen; sogar Abstrahlungen, die von einer Oberfläche reflektiert werden, auf die übersinnliche Kräfte ausgeübt wurden, stören die Phänomene. Das schwächere Rotlicht scheint die Figur jedoch ebenso wenig zu beeinträchtigen wie das Licht, das von einem Bild ausgeht, das mehrere Stunden lang dem Sonnenlicht ausgesetzt gewesen ist.

Im Allgemeinen sind die Strukturen kaum zu sehen, obwohl man gelegentlich flüchtige Einblicke erhaschen kann. Mittels Blitzlicht sind sie erfolgreich fotografiert worden, doch man muss sehr vorsichtig sein, das Medium nicht zu gefährden. Der Schock ist viel stärker, wenn das Blitzlicht auf ein Ektoplasma trifft, dessen Struktur unter Spannung steht, als wenn dies nicht der Fall ist.

Die zahlreichen Aufnahmen bestätigen in allen Einzelheiten die von den Phänomenen selbst abgeleiteten Schlussfolgerungen.

Die Unbeweglichkeit der Stäbe ändert sich mit der Lichtmenge, der sie ausgesetzt werden, wobei die harten Enden sozusagen im Licht schmelzen.

Es gibt zwei Methoden, physische Objekte mittels übersinnlicher Kraft zu bewegen. Bei der ersten werden ein oder mehrere Stäbe vom Medium ausgesendet, sehr häufig von den Füßen oder Knöcheln, manchmal auch vom unteren Körperbereich und unmittelbar an dem zu bewegenden Gegenstand befestigt, wodurch vorspringende Träger gebildet werden. Bei einer horizontalen Bewegung der Tische sind die Stäbe meistens an den Tischbeinen befestigt. Werden sie in die Luft gehoben, spreizen sich die Stabenden fächerförmig aus und drücken unter der Tischplatte nach oben.

Bei der zweiten Methode klammern sich die von dem Medium ausgehenden Stäbe am Fußboden fest und laufen von dort aus zu dem zu bewegenden Gegenstand und bilden so eine Art Hebel »erster Ordnung«, dessen Angelpunkt zwischen dem Gewicht und der Kraft liegt.

Die Stäbe können gerade oder gebogen sein. Sie können auch steif in der Luft schweben, was beweist, dass sie nicht auf einen materiellen Körper pressen müssen, um steif zu bleiben.

Bei der Träger-Methode verlagert sich der gesamte Druck auf das Medium oder, genauer gesagt, der größte Anteil richtet sich auf das Medium und der geringe Rest auf die übrigen Anwesenden. Diese Tatsache lässt sich durch gewöhnliche mechanische Geräte, wie Gewichts- und Federwaagen, beweisen. Wenn ein Tisch mit Hilfe eines Hebelarms in die Luft gehoben wird, erhöht sich das Gewicht des Mediums durch das Gewicht des Tisches und des Anteils der Anwesenden um fünfundneunzig Prozent. Haften die Stäbe aber am Fußboden, überträgt sich das Gewicht des erhobenen Tisches direkt auf den Boden und das Gewicht des Mediums verringert sich um das Gewicht des aus Ektoplasma gebildeten Stabs.

Schickt man eine Kraft durch den Stab, um einen Gegenstand fest auf dem Boden zu halten, verringert sich das Gewicht des

Mediums um bis zu fünfunddreißig Pfund. In einem anderen Fall, bei dem das Gefüge nicht unter Druck stand, reduzierte sich sein Gewicht um fast die Hälfte.

Ausleger werden gewöhnlich verwendet, um leichte Gegenstände zu bewegen oder hochzuheben. Für schwere Objekte oder die Übertragung einer starken Kraft werden die Stäbe am Fußboden befestigt. Manchmal wird eine bis zu einhundert Pfund starke Kraft ausgeübt.

Während einer Levitation macht sich der Druck auf das Medium oft durch die Steifheit und sogar eisenharte Festigkeit der Muskeln im gesamten Körper, besonders aber in den Armen, bemerkbar. Bei einem seiner Versuche stellte Crawford fest, dass diese Starre später wieder völlig verschwand.

Die Phänomene scheinen sich auf Kosten eines geringen Gewichtsverlusts des Mediums und der übrigen Anwesenden zu bilden, wobei letzere etwas mehr an Gewicht verlieren als das Medium.

In der Regel wird jede Verbindungslinie gebrochen und der Stab als solcher zerstört, sobald ein materieller Gegenstand in den Wirkungskreis des Stabs gestellt wird. Aber ein dünnes Objekt, wie etwa ein Bleistift, kann ohne weiteres durch die Senkrechte eines Stabes geführt werden, nicht aber durch den Bereich zwischen dem Medium und dem Tisch. Ein Eingriff in diesen Raum kann eine körperliche Verletzung des Mediums verursachen.

Damit ein Stab den Fußboden oder einen Tisch berühren oder sich daran festhalten kann, muss sein Ende verdichtet werden. Dieser Vorgang scheint mühevoll zu sein oder zumindest Zeit und Kraft zu erfordern, weshalb man sich bei dem greifenden Anteil auf ein Minimum beschränkt.

Den Saugeffekt kann man mit weichem Ton nachvollziehen. Manchmal hört man die »Sauger« über einen Holzboden gleiten oder sich neu festsaugen.

Crawford liefert viele Beispiele und Fotos von den Abdrücken der Stäbe auf weichem Ton. Oft sind sie übersät mit Mustern, die den Strümpfen des Mediums gleichen, obwohl ein bestrumpfter Fuß solche Abdrücke unmöglich hinterlassen könnte. Der von dem Stab verursachte Abdruck ist so scharf, dass es den Anschein hat, als ob das Strumpfmaterial vorher mit einer feinen, klebrigen Masse überzogen worden und diese erhärtet wäre, ehe der Stab in den Ton gepresst wurde.

Die Strumpfmuster mögen stark abweichen; das zarte Flechtwerk der Fäden kann verzerrt, verdickt, teilweise überdeckt oder gebrochen sein, obwohl es immer noch als das Strumpfmuster erkennbar bleibt.

Das Ektoplasma befindet sich zuerst in einem halbflüssigen Zustand. Es quillt durch und rund um die Löcher des Gewebes und drängt teilweise an die Außenseite des Strumpfs. Seine klebrige, faserige Beschaffenheit nimmt die Form des Gewebes fast genau an. Dann wird es aus dem Strumpf gezogen und um das Ende des Stabs gewirkt. Für einen großen Eindruck wird die Haut verdickt und verstärkt, indem mehr materialisierende Materie hinzugefügt wird. Dadurch kann der ursprüngliche Abdruck verdreht, verzerrt und teilweise vernichtet werden.

Auch Fingerabdrücke können in ähnlicher Weise von einem Stab gemacht werden, deren Größe sich aber von den normalen Fingerabdrücken unterscheiden mag. Außerdem erscheinen sie klarer und regelmäßiger konturiert.

Klopfzeichen, die vom leisesten Tippen bis zu Hammerschlägen gehen, sowie viele andere Geräusche werden durch halbflexible Stäbe mit entsprechend behandelten Enden hervorgerufen, die gegen materielle Gegenstände schlagen. Das Medium verliert dadurch oft mehr als zwanzig Pfund an Gewicht. Der Gewichtsverlust steht anscheinend proportional zur Stärke der Geräusche. Der Grund hierfür liegt auf der Hand. Wenn die Stäbe, die aus der

Körpermaterie des Mediums geformt wurden, auf den Boden schlagen, wird zwangsläufig etwas von dem Gesamtgewicht des Mediums durch den Stab auf den Boden übertragen. Dieser Gewichtsverlust zeigt sich nur vorübergehend und wird wieder ausgeglichen, sobald der Stab zum Medium zurückkehrt.

Die Erzeugung von Klopfzeichen ruft in dem Medium eine mechanische Reaktion hervor, so als ob es zurückgestoßen würde. Das mag dazu führen, dass es unwillkürlich die Füße etwas bewegt. Doch diese Anspannung ist gering im Vergleich zu dem Druck, der das Hochheben von Gegenständen verursacht.

Schwere Schläge, die ein großer Stab durchführt, erfolgen gewöhnlich nicht schnell. Leichte Klopfzeichen hingegen, die meistens zwei oder mehrere dünne Stäbe hervorrufen, können unglaublich rasch wiederholt werden, indem der »Ausführende« scheinbar eine große Macht über die Stäbe besitzt.

Im Allgemeinen setzen solche Phänomene alle Anwesenden unter Spannung, was sich in oft heftigen, ruckartigen Bewegungen ausdrückt, die kurz vor einer Levitation die Runde machen. Anscheinend wird die Äthermaterie ruckartig aus den Körpern gezogen, was alle bis zu einem gewissen Grad gemeinsam beeinträchtigt.

Crawford berichtet, dass ein Wesen, das vorgab, einst im Mittelalter gelebt zu haben und das durch das Medium (zu diesem Zweck in Trance versetzt) sprechen wollte, erklärte, dass es zwei Substanzarten gibt, die bei der Erzeugung von Phänomenen beteiligt sind. Die eine Substanz wird in verhältnismäßig großer Menge dem Medium und den Anwesenden entnommen, die nach der Sitzung fast vollständig zu ihnen zurückkehrt. Die andere Substanz kann nur das Medium liefern. Da es sich dabei um das lebenswichtigste Material aus dem Innern seiner Nervenzellen handelt, darf nur eine Winzigkeit entnommen werden, um das Medium nicht zu gefährden. Das Phänomen bricht die Struktur der

Substanz auf, weshalb diese dem Medium nicht mehr zurückgegeben werden kann. Diese Aussage ist bisher in keiner Weise bestätigt worden.

Crawford führte sehr erfolgreich die von ihm erfundene »Färbemethode« durch, um die Bewegungen des Ektoplasmas zu verfolgen. Da dieses an karminrotem Pulver haften bleibt, streute er es ihm in den Weg, und es entstand eine Farbspur. Auf diese Weise konnte er feststellen, dass das Ektoplasma das Medium im unteren Körperbereich verließ und dort auch wieder zurücktrat. Aufgrund seiner beachtlichen Dicke verfügte es über eine starke Zugkraft auf Strümpfe oder andere Kleidungsstücke und zog manchmal ganze, mehrere Zentimeter lange Fäden aus einem Strumpf, trug sie mit sich und legte sie in einen Tontopf, der in einiger Entfernung von den Füßen des Mediums aufgestellt wurde.

Das Ektoplasma läuft die Beine hinunter in die Schuhe und drängt sich zwischen Strümpfen und Schuhen, dort, wo Platz ist. Wenn es unterwegs Farbe aufgenommen hat, wird es diese an denjenigen Stellen hinterlassen, an denen Fuß, Strumpf und Schuh sich berühren, also dort, wo es nicht vorbeilaufen kann.

Die Verfestigung und Entmaterialisierung des harten Endstücks des Stabes geschieht in dem Augenblick, in dem er den Körper des Mediums verlässt. Aus diesem Grunde vermag das freie Ende ein engmaschiges Kleidungsstück oder Drahtgitter, das man nur wenige Zentimeter vor dem Medium aufgestellt hat, in der Regel nicht zu durchdringen. Wenn solche Filter jedoch zu nahe am Körper des Mediums stehen, materialisiert sich das Ende des Stabs nicht vollständig und es entsteht nur ein begrenztes Phänomen.

Die Entwicklung des Ektoplasmas aus dem Körper eines Mediums wird begleitet von starken allgemeinen Muskelbewegungen; die Muskeln, besonders von der Taille an abwärts, scheinen einzusinken.

Crawford ist überzeugt, dass zumindest zwei Substanzen bei der Entstehung dieser Phänomene beteiligt sind: (1) ein Bestandteil, der die Grundlage der feinstofflichen Struktur bildet, die unsichtbar und nicht greifbar ist und im Allgemeinen außerhalb des Bereichs physischer Dinge liegt, vermischt mit (2) einer weißlichen, durchscheinenden, nebelartigen Substanz, um erstere zu befähigen, auf physische Materie zu wirken. Er vermutet, dass die zweite Substanz mit aller Wahrscheinlichkeit identisch war mit dem Material, das bei den Phänomenen der Materialisation benutzt wurde.

Der deutsche Forscher Baron von Schrenck Notzing hat in seinem umfangreichen Werk »Phänomene der Materialisation« (1913) diese Vorgänge in allen Einzelheiten behandelt.

Neben einer ausführlichen Beschreibung einer großen Anzahl von Séancen und Phänomenen gibt es etwa zweihundert Fotos von materialisierten Formen oder Erscheinungen aller Art, die von Ektoplasma-Fäden bis zu voll ausgebildeten Gesichtern führen. Die wesentlichen Schlussfolgerungen sind einem Vortrag des Pariser Psychologen und Arztes Dr. Gustave Geley unter dem Titel »Supra-Normal Physiology and Phenomena of Ideoplastics« entnommen, der am Schluss des Buchs von Notzing abgedruckt ist.

Aus dem Körper des Mediums tritt eine Substanz hervor, die zunächst amorph oder polymorph ist. Sie mag wie ein dehnbarer Teig erscheinen, eine formbare Masse, eine Art Wackelpudding, einfache Klumpen, dünne Fäden, Kordeln, schmale, feste Strahlen, ein breites Band, eine Membran, ein Stoff, ein gewebtes Material oder ein Netz mit Fransen und Falten.

Die faden- oder faserartige Beschaffenheit der Substanz wurde oft beobachtet.

Sie kann weiß, schwarz oder grau sein; manchmal finden sich alle drei Farben; weiß tritt wohl am häufigsten auf. Es scheint zu leuchten.

Gewöhnlich scheint die Substanz geruchlos zu sein, obwohl manchmal ein besonderer, nicht zu beschreibender Duft von ihr ausgeht. Sie unterliegt zweifellos der Schwerkraft der Erde.

Sie fühlt sich feucht und kalt an, zäh und klebrig, seltener trocken und hart. Ausgedehnt zeigt sie sich weich und fast elastisch; wenn zu Strängen geformt, ist sie hart, knotig und faserig. Sie fühlt sich manchmal an, als gleite ein Spinnengewebe über die Hand; die Fäden sind starr und auch elastisch. Sie bewegt sich kriechend wie ein Reptil, manchmal aber auch plötzlich und rasch. Ein Zug mag sie in Bewegung setzen. Ihre Berührung löst eine schmerzliche Reaktion in dem Medium aus. Sie ist äußerst empfindlich und erscheint und verschwindet mit Lichtgeschwindigkeit. Obwohl sie auf Licht empfindlich reagiert, kann sich das Phänomen manchmal im vollen Tageslicht behaupten. Blitzlichtaufnahmen können gemacht werden, doch der unerwartete Lichtstrahl wirkt wie ein plötzlicher Schlag auf das Medium.

Während ein Phänomen entsteht, sitzt das Medium im Dunkeln in einer Kabine, deren Vorhänge oft zurückgezogen sind. Außerhalb brennt ein rotes Licht, manchmal auch weißes in der Stärke von hundert Kerzen.

Die Substanz besitzt eine unwiderstehliche Neigung zur Organisation. Sie nimmt viele Formen an, manchmal unbestimmt und ungeordnet, aber meistens organisch. Die Finger, einschließlich der Nägel, sind perfekt geformt, vollständige Hände, Gesichter und andere Gestalten entstehen.

Die Substanz entströmt dem gesamten Körper des Mediums, besonders aber den natürlichen Öffnungen und Extremitäten; sie fließt aus dem Scheitel, den Brüsten und Fingerspitzen. Am häufigsten beobachtet man, wie sie dem Mund entströmt, der inneren Oberfläche der Wangen und dem Gaumendach.

Die materialisierte Form scheint eine gewisse Unabhängigkeit zu besitzen; so vermag eine Hand ihre Finger zu bewegen und die

Hand eines Beobachters zu ergreifen, obwohl die menschliche Haut das Phantom bisweilen abstößt. Der Aufbau ist kleiner als in Wirklichkeit, manchmal handelt es sich um eine Miniaturausgabe. Man hat beobachtet, dass der Rücken der Materialisation keine organische Form aufweist, sondern eher einer amorphen Masse gleicht, da die Formen nur ein Minimum an notwendiger Substanz enthalten, die sie wirklich erscheinen lässt. Die Figuren verblassen allmählich oder verschwinden augenblicklich. Es ist zu erkennen, dass die Gestalten während der ganzen Zeit physiologisch und psychisch mit dem Medium in Verbindung stehen, wobei der Wahrnehmungsreflex der Gebilde mit dem des Mediums verschmilzt. Sticht man daher eine Nadel in die Substanz, empfindet das Medium Schmerz.

Die Substanz scheint sich von der allgemeinen Richtung, aber auch den Gedankengängen der Anwesenden beeinflussen zu lassen. Hinzu kommt, dass das sich meistens im Hypnose-Zustand befindende Medium äußerst offen ist für alle Eingebungen.

Man hat Stücke der materialisierten Form in einem Porzellanteller aufgefangen und zurückbehalten. In einem Fall ergab die anschließende Untersuchung zwei Hautstücke menschlicher Herkunft. In einem anderen Fall fand man einige Kubikzentimeter Flüssigkeit ohne Luftblasen vor. Die Analyse ergab, dass es sich um eine farblose, leicht trübe, nicht viskose, geruchlose, leicht alkalische Flüssigkeit mit einem weißlichen Niederschlag handelte. Die mikroskopische Untersuchung zeigte die Komponenten von Zellschutt und Speichel. Die Substanz entstammte offenbar dem Mund. Bei einer Gelegenheit wurde ein Bündel blonder Haare gefunden, das keineswegs dem dunkleren Haar des Mediums glich, wobei die Hand des Beobachters von Schleim und Feuchtigkeit bedeckt war. Außerdem werden manchmal Bruchstücke anderer Substanzen gefunden, wie Gesichtspuder oder Fetzen von der Kleidung des Mediums.

KAPITEL 24

SCHLUSSWORT

So beachtlich die bisher gewonnenen Erkenntnisse auf dem Gebiet des menschlichen Ätherkörpers und der ätherischen Phänomene sein mögen, es liegt noch ein weites Feld für zukünftige Untersuchungen vor uns.

Angesichts des starken Einflusses, den Aufbau, Nahrung und Gesundheit des Ätherkörpers auf die physische Gesundheit und die Funktionen aller mit ihm verbundenen Körper ausüben, ist es offensichtlich, dass Untersuchungen aller Formen der ätherischen Phänomene zu wissenschaftlich interessanten Entdeckungen führen werden, die für den Menschen sehr wichtig sind.

Wir verfügen über eine Anzahl von Methoden, solche Nachforschungen durchzuführen. Dazu gehört als erstes die hellseherische Beobachtung auf verschiedenen Ebenen. Im Hinblick auf die augenblickliche rasche Entwicklung der Menschheit, werden wahrscheinlich viele Menschen demnächst in den Besitz dieser geistigen Fähigkeiten gelangen.

Abgesehen davon, dass sich diese ganz natürlich im Laufe der Zeit entfalten, scheint man sie nach den Angaben von Dr. Kilner durch den Gebrauch von Filtern und möglicherweise auch durch andere, noch zu erfindende Mittel anregen zu können. Unter den entsprechenden Vorsichtsmaßnahmen können auch der Mesmerismus und die Hypnose eingesetzt werden, um Zugang zu diesen schlummernden geistigen Fähigkeiten zu finden. Die Fotografie wird in Zukunft vielleicht eine wesentliche Rolle spielen, da die Salze der fotografischen Platte empfindsamer auf die Wellenlängen und Abstufungen des Lichts reagieren als das menschliche Auge. Auch der Einsatz des ultravioletten Lichts mag einmal von vielversprechender Bedeutung sein; und die von W.J. Crawford angewendeten Methoden sind es ebenfalls wert, weiter vervollkommnet zu werden.

Was die Séancen und ihre Materialisationen anbelangt, wie bei den Fällen von Baron von Notzing, herrschen wahrscheinlich unterschiedliche Meinungen vor. Man gibt zu, dass der Werdegang derartiger Phänomene sich äußerst gefahrvoll für das Medium gestalten kann, sowohl körperlich als auch anderweitig. Solche Materialisationen haben zudem etwas sehr Unappetitliches an sich. Andererseits muss man zugestehen, dass der freiwillige Einsatz eines Mediums zum Zwecke wissenschaftlicher Forschung die Wissenschaft berechtigt, ein solches Opfer anzunehmen und sie sich außerdem nicht um den unangenehmen Aspekt natürlicher Phänome kümmert. Sicher ist jedoch, dass die hochentwickelten geistigen Lehrer unserer Tage den Séance-Raum nicht begrüßen. Dem wäre entgegenzuhalten, dass in anderen Zeitepochen der Gebrauch von Vestalinnen, Wahrsagern, Propheten und anderen Medien von den höheren Autoritäten abgesegnet und anerkannt wurden. Doch man sollte keine dogmatische Schlussfolgerung daraus ziehen.

Die Möglichkeiten, Kenntnisse über ätherische Phänomene zum Zwecke der Heilung einzusetzen, erscheint grenzenlos zu sein. Bei vielen körperlichen, emotionalen und mentalen Erkrankungen könnte eine Anwendung der Vital- oder Magnetheilung sowie des Mesmerismus und der Hypnose auf einer Linie mit dem allgemeinen Gedankenfortschritt liegen. Besonders empfehlenswert wäre bei chirurgischen Eingriffen der Gebrauch des Mesmerismus anstelle der üblichen, durch Äther, Gas oder Chloroform herbeigeführten Anästhesie.

Wahrscheinlich würde auch die Wissenschaft der Osteopathie in Verbindung mit einem Studium der Kraftzentren und dem Vitalitätsstrom im menschlichen Körper zu beachtlichen Ergebnissen führen.

Die beachtenswerten Entdeckungen von Dr. Adam, die zumindest teilweise von den Medizinern angenommen worden sind, könnten wahrscheinlich der kranken Menschheit unserer heutigen Zeit von unermesslichem Nutzen sein. Seine Methoden scheinen direkt oder indirekt auf und durch den Ätherkörper zu wirken.

Auch das geistige Heilen scheint eine große Zukunft zu besitzen.

Alle diese Methoden, die über die physische Ebene hinausgehen, wirken zweifellos bis zu einem gewissen Grad über die Äthersubstanz. Es gibt aber weitaus mehr Möglichkeiten, die Kenntnisse über die ätherischen Phänomene in größerem Umfang einzusetzen. Aus diesem Grunde ist anzunehmen, dass ein wichtiger und bisher fast völlig übersehener Aspekt bei der Behandlung von Krankheiten und in der Gesundheitsvorsorge aus dem Ätherischen stammt und neben den rein physischen Eigenschaften von Medikamenten, Wassern, Gasen, der Luft, den Ausstrahlungen von Erden und Mineralien, Früchten, Blumen und Bäumen seine Wirkung ausübt. Vielleicht wird es in Zukunft Kurorte geben, deren Heilkräfte auf ihren ätherischen Eigenschaften gründen.

Die Aufmerksamkeit, die seit kurzem dem ausgedehnteren Einsatz des Sonnenlichts entgegengebracht worden ist, hängt wahrscheinlich mit dem *Prâna* zusammen, von dem wir wissen, das es der Sonne entströmt, die Atmosphäre durchdringt und von den Lebewesen aufgenommen wird.

Vielleicht wird ein tieferes Verständnis für die Phänomene des ätherischen Feldes und der Vitalität zu einer tiefgreifenden Veränderung in der Einstellung zum medizinischen und diätetischen

Gebrauch von Substanzen führen, die durch den tierischen Organismus gingen oder von ihm abstammen.

Vermutlich verdanken solche schwierig zu beschreibenden Substanzen, die wir Vitamine nennen, ihre nützlichen Eigenschaften dem *Prâna* oder möglicherweise der in ihnen enthaltenen Äthersubstanz.

Die Erkenntnis, dass die Vitalität des Körpers nicht der Nahrung, sondern direkt der Atmosphäre entzogen wird, könnte zu einer umwälzenden Änderung der diätetischen Behandlung kranker Menschen führen und dem Fasten einen höheren Stellenwert einräumen. Diejenigen, die sich mit der Literatur zur Fastenfrage bereits beschäftigt haben, werden wissen, dass zahlreiche Autoren aus ihren Beobachtungen schlossen, dass sich die Verbindung zwischen der Assimilation der Nahrung und der Lebensenergie alles andere als einfach und direkt gestaltet.

Man weiß inzwischen, dass der Gebrauch von Elektrizität zu Heilzwecken die Erwartungen nicht erfüllt hat. Vielleicht kann ein vertieftes Wissen über die ätherischen Phänomene dazu beitragen, bessere Methoden im Rahmen einer elektrischen Behandlung zu erfinden. Der Zusammenhang zwischen Elektrizität und Äthersubstanz (aus der das ätherische Doppel besteht) könnte auf diese Weise nutzbringend eingesetzt werden.

Es ist wohl nicht übertrieben zu behaupten, dass in Zukunft der Ätherkörper, sozusagen die Heimat des Lebensprinzips in seinem physischen Aspekt, mehr Aufmerksamkeit auf sich ziehen wird, als man sie zurzeit dem physischen Körper entgegenbringt. Die Verwendung der Energie, die mit dem physischen Äther in Zusammenhang steht, muss hier nicht eigens betont werden. Der Esoteriker wird sich jedoch an die Warnung erinnern, dass es dem Menschen nicht eher erlaubt ist, diese in der atomaren Substanz schlummernden, nahezu unberechenbaren Kräfte freizusetzen, als bis sichergestellt ist, dass diese Kräfte nutzbringend, nicht aber zerstörerisch eingesetzt werden, wie es unglücklicherweise bei so vielen wissenschaftlichen Entdeckungen der Vergangenheit der Fall gewesen ist.

Die Entdeckung der einzelnen Stufen der Äthermaterie werden der Chemie und Physik neue Möglichkeiten bieten und sogar bei der Herstellung der verschiedenartigsten Nahrungssubstanzen, elektrischer Kabel und Isolatoren, bei Bekleidungsstoffen und vielen anderen Materialien für den Alltagsgebrauch einfließen.

Eine Anerkennung der Existenz des Ätherkörpers von seiten der konventionellen Wissenschaft, das Studium seiner Beschaffenheit und Verhaltensweise – was wohl in naher Zukunft geschehen wird – könnten eine solide Grundlage für das Erfassen paranormaler Zusammenhänge bilden. Denn das Zukünftige wird erhabener, majestätischer in seinem Geheimnis sein als das Vergangene. Langsam und unmerklich voranschreitend, nehmen die Menschenlehrer ihr Leben aus reineren Quellen in sich auf und empfangen ihre Botschaft auf direkterem Wege vom Ursprung des Seins. Das Leben birgt mehr, als der Mensch begreifen kann. Die wahre Blume des Lebens wächst über die Gestalt des Menschen hinaus, und ihre Wurzel trinkt aus dem Strom des Lebens. Im Herzen dieser Blume wird der Mensch die Geheimnisse der Kräfte lesen, die die physische Ebene beherrschen. Er wird lernen, die geistigen Wahrheiten zu erklären und mit seinem höheren Selbst in Verbindung zu treten; er kann auch lernen, die Herrlichkeit dieses höheren Selbst in sich zu tragen und gleichzeitig auf diesem Planeten zu leben sowie das Leben voller Energie zu bewahren, bis sein Werk vollendet ist und er allen, die nach dem Licht Ausschau halten, die drei Wahrheiten gelehrt hat:

Die Seele des Menschen ist unsterblich und ihre Zukunft ist die Zukunft eines Wesens, dessen Wachstum und Größe keine Grenzen kennt.

Das Lebensprinzip, das in uns und außerhalb von uns liegt, ist unsterblich und unendlich gütig, es wird nicht gesehen, gehört oder gerochen, aber es wird von dem Menschen wahrgenommen, der nach geistiger Wahrnehmung verlangt.

Jeder Mensch ist sein eigener uneingeschränkter Gesetzgeber, der sich selbst in Licht oder Dunkel wirft; der sein Leben bestimmt, seinen Lohn und seine Strafe.

Diese Wahrheiten, so erhaben wie das Leben selbst, sind so einfach wie der einfältigste Mensch. Möge die Nahrung des Wissens jenen gegeben werden, die danach hungern.